Franz Hilger

Die Badische Weinstraße

Franz Hilger ...

... ist ein echter Schwarzwälder

Franz Hilger (Jahrgang 1935) ist seit vielen Jahrzehnten als freier Autor für Buchverlage, Zeitungen und Zeitschriften tätig. Er veröffentlichte zahlreiche Publikationen zur Geschichte des Benediktinerklosters St. Blasien, eine Biografie zu Fürstabt Martin Gerbert sowie Texte für Bildbände und Kirchenführer. Er lebt und arbeitet im Winzerdorf Pfaffenweiler.

In der aktualisierten und neu gestalteten Auflage von „Die Badische Weinstraße" begleitet Franz Hilger den Leser durch eine traumhafte Landschaft von Laudenbach im Odenwald bis Weil am Rhein an der Schweizer Grenze, er führt ihn zu romantischen Stätten, außergewöhnlichen Sehenswürdigkeiten und liebenswerten Städten und Gemeinden, die inmitten dieser wunderschönen Wein-Anbauregionen liegen und die sich so zeigen wie der badische Wein selbst: harmonisch, nuancenreich, elegant und von der Sonne verwöhnt.

Franz Hilger

Die Badische Weinstraße

AQUENSIS®

ISBN 978-3-95457-157-4

Lahr/Schwarzwald

Lahr, eine Stadt mit rund 45.000 Einwohnern, liegt umgeben von Weinbergen, inmitten der attraktiven Rheinebene und am Fuße der abwechslungsreichen Vorgebirgszone des Schwarzwaldes. Mit dem charakteristischen Lindenwald auf seiner Kuppe ist der Lahrer Schutterlindenberg eine weithin sichtbare Landmarke der Rheinebene. Das sonnige Klima, kühle Fallwinde des Schuttertals und fruchtbare Böden veredeln die **VDP** zertifizierten Weine, die zu den besten Lagen Deutschlands zählen.

Die fußläufig erreichbare historische Innenstadt lädt zum Bummeln und Verweilen ein. In Lahr lassen sich Kultur und Freizeit hervorragend verbinden: Sportliche Angebote reichen von **vielfältigen Rad-, Mountainbike- und Wanderstrecken** bis hin zu attraktiven Sport-, Natur- und Familienbädern. Zahlreiche Restaurants bieten traditionelle, badische Gerichte und hervorragende lokale Weine. Lahr ist idealer Ausgangspunkt für Ausflüge in den **Schwarzwald, die Schweiz und das benachbarte Elsass.**

Infos und Prospekte
KulTourBüro
Tickets & Touristik Lahr
Kaiserstraße 1, 77933 Lahr
Tel. 07821 950210
Fax 07821 910-75451
E-Mail: kultour@lahr.de
www.lahr.de

Inhalt

Grußwort 9

Apéritif 11

Die Badische Bergstraße 14

Der Frühlingsgarten Deutschlands
von Laudenbach bis Wiesloch

Der Kraichgau 22

Das Land der tausend Hügel
von Rauenberg bis Karlsruhe Durlach

Die Ortenau 30

Obst und Reben in Hülle und Fülle
von Baden-Baden bis Lahr

Der Breisgau 54

Durch Weindörfer und mittelalterliche Städtchen
von Lahr bis Freiburg

Inhalt

Kaisersthul und Tuniberg 68

Fruchtbares Vulkangebirge
und mildes Klima
zwischen Freiburg und Rheintal

Freiburg 92

Sympathische Großstadt,
von der Sonne verwöhnt

Markgräflerland 98

Durch die Heimat des Gutedel
von Freiburg bis Weil am Rhein

Badische Weine
von der Sonne verwöhnt 121

Die Rebsorten

Impressum 124

Wegweiser für Genießer

Seit mittlerweile 62 Jahren verbindet die Badische Weinstraße die vielfältigen Weinlandschaften am Westrand des Schwarzwaldes. Hier, in Deutschlands schönster Genießer-Ecke, trifft badische Lebensart auf kulinarischen Hochgenuss, treffen liebenswerte und fleißige Weinmacher auf Genießer aus aller Welt, die weltbekannte Sehenswürdigkeiten wie Heidelberg, Baden-Baden, Freiburg oder die Ferienregion Schwarzwald besuchen. Das Ziel der Weinstraße ist damals wie heute, den Urlaubsgästen eine Wegweisung für kulinarische Entdeckungen durch die Winzerdörfer zu geben.

Die Route ist aber nichts für Eilige: Winzerdörfer mit verwinkelten Gassen und alten Fachwerkhäusern, stattliche Gehöfte und moderne Weinbau-Architektur wollen entdeckt werden. Man sollte sich Zeit nehmen und vielleicht immer nur einen Teilabschnitt anfahren – denn zu den interessantesten Erfahrungen an der Weinstraße zählt die Vielfalt der badischen Weine. Und eine ausgiebige Weinprobe verträgt sich nun mal nicht mit Autofahren. Passenderweise kann man genussvoll in „Empfohlenen Weinhotels", Gästezimmern oder auf Wohnmobilstellplätzen auf dem Winzerhof, oder auch im Weinfass direkt in den Weinbergen übernachten.

Seit ein paar Jahren hat der Weintourismus an der Badischen Weinstraße durch unser Projekt „Erlebnismarke Badische Weinstraße" kräftig an Fahrt aufgenommen. Die Weinstraße ist wieder ein fester Bestandteil des touristischen Angebotes im Südwesten. Zahlreiche fördernde Maßnahmen wurden gemeinsam mit der Weinwirtschaft ins Leben gerufen, neue Weinerlebnisangebote geschaffen, und zum 60-jährigen Jubiläum im Jahr 2014 wurde die Genießerroute sogar um über 200 Kilometer Richtung Norden verlängert.

Folgen Sie einfach den Wegweisern mit dem Traubensymbol – und lassen Sie sich von den kulinarischen Entdeckungen überraschen!
Viel Spaß beim Erleben unserer einzigartigen Genuss- und Weinkultur!

Freiburg, im Spätherbst 2016

Christopher Krull

Geschäftsführer
Schwarzwald Tourismus GmbH
Projektträger „Erlebnismarke Badische Weinstraße"

Apéritif

Entlang der badischen Weinstraße

Kenner des badischen Weins schmücken die verschiedenen Eigenschaften des edlen Rebensaftes mit einer ganzen Reihe von bildhaften Worten wie blumig, vollmundig, harmonisch, rassig, würzig, nuancenreich, elegant, fruchtig, zartduftig, gehaltvoll und so fort. Nicht zufällig entsprechen diesem Reichtum an Attributen auch die Landschaft und der Boden, auf dem diese Reben gedeihen. Die Badische Weinstraße verbindet die bedeutenden Anbauregionen dieses Landes, die nach Eigenart der Landschaft und der Beschaffenheit des Bodens recht unterschiedliche Weine hervorbringen.

Im Jahre 1954 wurde diese Straße zu Ehren des Weines eingerichtet und führte von der Ortenau über den Breisgau, Kaiserstuhl und Tuniberg bis zum Markgräflerland. Im Jahr 2014 kam es zu einer Erweiterung der Badischen Weinstraße nach Norden, nunmehr beginnt sie an der Landesgrenze zu Hessen in der Gemeinde Laudenbach und durchquert die Regionen Badische Bergstraße und Kraichgau, bis sie in Baden-Baden an den älteren Teil anschließt.

Über Generationen hinweg bleiben die Winzerfamilien dem Weinbau verbunden

Die nördlichste Region „Badische Bergstraße" (Seiten 14 bis 21) ist zugleich das kleinste der badischen Weinbauregionen. Die Rebflächen ziehen sich an den Gebirgsrandzonen des Odenwaldes entlang, sind meist kleinparzelliert und reichen bis in steilere Lagen. „Hier fängt Deutschland an, Italien zu werden", soll Kaiser Josef der II. im Jahre 1754 gesagt haben. Seither wird diese Region zwischen Darmstadt und Heidelberg auch die Riviera oder der Frühlingsgarten Deutschlands genannt. Hier finden sich malerische Städte, Burgen, Schlösser und viele hübsch gestaltete Gärten, die Landschaft ist durch den Weinbau geprägt.

Zwischen Heidelberg und Karlsruhe beginnt das Land der tausend Hügel, die Weinanbauregion „Kraichgau-Stromberg" (Seiten 22 bis 29). Hier treffen zwei große Weinanbauregionen aufeinander, hier vereinen sich Baden und Württemberg zu einer Genussregion mit ganz besonderem Charme. Der Besucher kann hier einen badischen Riesling genauso verkosten wie einen württembergischen Trollinger oder Lemberger. An den Hängen der Rheinebene bis zu denen am Neckar gedeihen über zwei Dutzend Rebsorten. Die Landschaft des Kraichgaus wird begrenzt vom Odenwald im Norden, dem Schwarzwald im Süden, der Oberrheinischen Tiefebene im Westen und von den Höhenzügen des Strombergs und des Heuchelbergs im Osten.

An Karlsruhe vorbei führt die Badische Weinstraße auf die Ortenau zu, die jüngste Weinbauregion Badens (Seiten 30 bis 53). Die erste Urkunde, die über den Weinbau in dieser Gegend Aufschluss gibt, stammt aus dem Jahre 1170. Im Mittelalter wurden in der Ortenau meist nur in der Ebene und auf den flachen Hügeln der Schwarzwaldberge Reben angepflanzt. Elbling, Räuschling, weißer und roter Gutedel waren die bedeutendsten Rebsorten dieser Gegend. Auf Veranlassung des Markgrafen Karl Friedrich von Baden mussten die Winzer in der Ortenau den Qualitätsreben den Vorzug geben. In den markgräflichen Rebanlagen im Gewann Klingelberg beim Schloss Staufenberg ließ er den Riesling anbauen, daher heißt der Riesling in der Ortenau noch heute Klingelberger. Auch wurde auf Anregung des Markgrafen Traminer in der Ortenau angepflanzt. Im Jahre 1836 kam es auf Veranlassung des Freiherrn Zorn von Bulach zum Anbau der Rebe Sauvignon blanc aus Frankreich, einer weißen Bordeaux-Variante. Dieser Wein zählt heute noch zu den Besonderheiten der Bulachschen Amtsverwaltung.

Die historische Rebsorte Gutedel wird in Deutschland nur noch im Markgräflerland angebaut

Nach einer Aufstellung aus dem Jahre 2003 hat die Ortenau eine Rebanbaufläche von 2 647 Hektar.

Die Weinregion Breisgau (Seiten 54 bis 67) erstreckt sich südlich von Offenburg über Lahr bis zur Schwarzwaldmetropole Freiburg. In diesem Landstrich sollen schon die Römer den Weinbau gepflegt haben. Als Freiburg vor fast 900 Jahren gegründet wurde, hatten die Bürger der umliegenden Gemeinden Lehen, Haslach, Herdern, Zähringen, Günterstal, die inzwischen zu Freiburg gehören, ihre Hänge bereits mit Reben bepflanzt. In Kriegszeiten brachten die Winzer dieser Dörfer ihren Wein in die befestigte Stadt. Es war daher nichts Außergewöhnliches, wenn Häuser in Freiburg drei- und sogar vierstöckige Keller hatten, um den Wein zu lagern. Die Weinbauregion Breisgau hat eine Ertragsfläche von 1 643 Hektar.

In einer Urkunde aus dem Jahre 1333 wird der Name „Kaiserstuhl“ (Seiten 68 bis 89) erstmals erwähnt. Schon die Kelten und die Römer haben das Gebiet kultiviert. Unter Karl dem Großen wurde hier mit dem Weinbau begonnen. Die ältesten Weinbaugemeinden am Kaiserstuhl sind Bötzingen, Burkheim und Riegel, diese wurden bereits im 8. Jahrhundert gegründet. Mit 4157 Hektar weist die Weinbauregion Kaiserstuhl-Tuniberg die größte Rebanbaufläche Badens auf. Im Mittelalter gab es am Kaiserstuhl die Rebsorten Elbling, Räuschling und Burgunder. Heute ist die charakteristische Rebsorte dieser Weinbauregion der wuchtige Grauburgunder/Ruländer. Fachleute sind der Meinung: Am Kaiserstuhl wächst der beste Ruländer/Grauburgunder Deutschlands. Natürlich gedeihen hier in den sonnenverwöhnten Rebanlagen noch andere Weiß- und Rotweinsorten.

Die südlichste Weinbauregion an der Badischen Weinstraße ist das Markgräflerland (Seiten 98 bis 120), es zieht sich vom Süden Freiburgs bis an die Schweizer Grenze hin. Eine urkundliche Erwähnung aus dem Jahre 670 macht das Markgräflerland zur ältesten Weinbauregion Badens. Eine weitere Urkunde aus dem 8. Jahrhundert belegt, dass das Kloster St. Gallen zu jener Zeit Weinberge in Ebringen und Pfaffenweiler besaß. Im Mittelalter teilten sich den Rebbesitz im Markgräflerland verschiedene Klöster. Zu dieser Zeit wurde der so genannte Heunisch angebaut, eine Rebsorte, die man heute nicht mehr kennt, später kamen dann der Elbling und der Burgunder dazu. Im Jahre 1780 führte Markgraf Karl Friedrich in seinem Land den Gutedel ein. Das Markgräflerland ist die einzige Gutedelanbauregion in Deutschland. Die Rebanbaufläche dieser Region beträgt nunmehr 3 016 Hektar.

Der Weinbau prägt die badische Kulturlandschaft seit Jahrhunderten

Es ist aber nicht nur der Wein, der hier an den Rebhängen entlang der Badischen Weinstraße gedeiht und in den Kellereien ausgebaut wird, es ist auch die abwechslungsreiche Landschaft mit ihren vielen Gemeinden, die zu jeder Jahreszeit einen besonderen Reiz hat und dieses Land, durch das diese Straße verläuft, zu einem lohnenden Reiseziel macht.

Die Badische Bergstraße

Der Frühlingsgarten Deutschlands

von Laudenbach bis Wiesloch

Seit ihrer Erweiterung im Jahre 2014 beginnt (oder endet, je nach Fahrtrichtung) die Badische Weinstraße an der Landesgrenze zu Hessen in der Gemeinde **Laudenbach** im Weinbaubereich „Badische Bergstraße". Diese Region ist die kleinste der badischen Weinbauregionen und unterteilt sich in die Großlagen Rittersberg, Mannaberg und einige großlagenfreie Flächen. Die Rebflächen – insgesamt sind es rund 380 Hektar – ziehen sich an den Gebirgsrandzonen des Odenwaldes entlang und reichen bis in steilere Lagen hinauf. Die beliebteste Rebsorte ist der Spätburgunder, er wird auf einer Fläche von 121 Hektar angepflanzt. Es folgen Riesling (82 ha), Müller-Thurgau (65 ha), Weißer Burgunder (29 ha) und Grauer Burgunder (27 ha).

„Hier fängt Deutschland an, Italien zu werden." Diesen Satz soll Kaiser Josef II. gesagt haben, als er im Jahre 1754 in seiner Kutsche von Frankfurt in Richtung Wien fuhr. An dieser Route finden sich malerische, romantische Städte, Burgen und Schlösser und viele hübsch gestaltete Gärten.

Direkt hinter Laudenbach führt die Badische Weinstraße nach **Hemsbach**, wo eine der drei Winzergenossenschaften der Region ansässig ist. Hier werden regelmäßig Weinwanderungen und Weinproben angeboten. Ein kleiner Weinlehrpfad stellt sieben wichtige Weine der Region vor (Spätburgunder Rotwein, Müller-Thurgau, Grauer Burgunder, Riesling, Gewürztraminer, Regent und Weißer Burgunder).

Weinlehrpfad Hemsbach

Burgruine Windeck

In der Zweiburgenstadt **Weinheim** begegnet man zwei lohnenden Ausflugszielen: Die Burgruine Windeck aus dem 12. Jahrhundert war einst Schutzburg für das nahe gelegene Kloster Lorsch. Eine architektonische Rarität ist die in die Mauer des Bergfrieds eingelassene Wendeltreppe. Im Restaurant und Biergarten kann man sich vor der Weiterfahrt stärken. Ein weiteres sehr augenfälliges Bauwerk ist das Weinheimer Schloss, ehemals Sitz der Fürsten der Kurpfalz. Seit 1938 befindet sich das Gebäude im Besitz der Gemeinde, die nunmehr ihre Verwaltung darin eingerichtet hat. Der umgebende Schlosspark ist eine gepflegte, großzügige Parklandschaft mit wertvollem Baumbestand und einer wunderschönen Teichanlage. Dank des milden Klimas an der Bergstraße gedeihen hier allerlei Pflanzen, die ursprünglich am Mittelmeer beheimatet waren.

Rathaus Hirschberg mit Glockenturm

An der Bergstraße gibt es eine Tradition: Die Rathäuser der Gemeinden verfügen über einen Glockenturm. So wurde auch beim Rathaus in **Hirschberg** ein Glockenturm mit eingeplant und – das ist die Besonderheit – mit Meißner Porzellanglocken bestückt. Täglich spielen die 18 Glocken drei Lieder entsprechend der Jahreszeit, im Herbst zur Weinlese sind dies: „Wer recht in Freuden wandern will“ (9.05 Uhr), „Der Jäger aus Kurpfalz“ und „Im schönsten Wiesengrunde“ (12.05 Uhr) sowie „Im Wein liegt Wahrheit nur allein“ (17.05 Uhr).

Schriesheim ist der größte Weinort an der Badischen Bergstraße. Hier befindet sich das Besucherbergwerk „Grube Anna Elisabeth“, ein 500 Jahre altes Silber- und Vitriolbergwerk, das interessante Einblicke in den mittelalterlichen Untertagebau gibt. Für den Weininteressierten ist auch ein Besuch des Madonnenbergs empfehlenswert. Hier hat der Verein „Historischer Weinbau Madonnenberg“ mit regelmäßigen Pflege- und Gestaltungsmaßnahmen einen Weinberg nach historischem Muster neu angelegt.

Zu Gast bei der Schriesheimer Winzergenossenschaft

Inmitten der Altstadt befindet sich der kleine gemütliche Weinverkaufsladen der Schriesheimer Winzergenossenschaft.

Gegründet 1930 mit 27 Mitgliedern, bearbeiten heute rund 150 engagierte Winzerinnen und Winzer ca. 130 ha Weinberge in Schriesheim sowie den Nachbargemeinden Dossenheim, Leutershausen und Großsachsen.

Eine breit gefächerte Rebsortenvielfalt lässt beim Genießer keine Wünsche offen. Angefangen beim traditionellen Silvaner über Riesling, Müller-Thurgau, Grauer und Weißer Burgunder bis hin zum Chardonnay und Sauvignon Blanc. Aber auch die Rotweinsorten bieten ein außergewöhnliches Geschmackserlebnis. Meistangebaute Rebsorte ist hier der Spätburgunder, der sich neben dem Ausbau zu gehaltvollem Rotwein in den Varianten Weißherbst, Rosé und Blanc de Noir zeigt. Dornfelder und die eher seltene Spezialität St. Laurent runden das Sortiment ab.

Holzfass- und Barrique- Ausbau verleihen ausgewählten Weinen nochmals ganz besondere Geschmacksnuancen. Neben einem schönen Sektangebot, hebt sich der „SchrieSecco“, ein Qualitätsperlwein, den es in Weiß, Rosé und Rot gibt, als prickelndes Vergnügen ab.

WINZERGENOSSENSCHAFT SCHRIESHEIM

Weinproben

Besuchen Sie den Weinverkaufsladen der Schriesheimer Winzergenossenschaft zu den üblichen Öffnungszeiten, so ist eine kostenlose Weinprobe jederzeit möglich. Weitere Weinproben in verschiedenen Räumlichkeiten sind buchbar. ***Herzlich willkommen!***

WINZERGENOSSENSCHAFT EG SCHRIESHEIM

Heidelberger Str. 3
69198 Schriesheim
Tel. 06203-61560
www.wg-schriesheim.de

Öffnungszeiten:
Mo.-Fr. 8:00 - 18:00 Uhr
Sa. 8:00 - 13:00 Uhr

Bevor Heidelberg erreicht wird, durchquert man die Gemeinde **Dossenheim**. In der zweiten Hälfte des 18. Jahrhunderts erlebte die Gemeinde einen besonderen Aufschwung durch den Abbau von Porphyr für den Straßenbau. Im Steinbruch Leferenz können Besucher den historischen Porphyrsteinbruch mit der Feldbahn „erfahren" und sich im Steinbruchmuseum über die wechselvolle Geschichte dieses Industriezweiges informieren.

Die Weinstraße verläuft weiter durch die weltbekannte Stadt **Heidelberg**: Aus aller Herren Länder strömen die Menschen hierher und bestaunen die prachtvolle Schlossanlage, den Stadtkern und die vielen Brücken über den Neckar. Hier befindet sich die älteste Universität Deutschlands, die als eine der forschungsstärksten in Europa gilt. Sie wurde bereits im Jahre 1386 gegründet und von Pfalzgraf und Kurfürst Ruprecht I. mit päpstlicher Genehmigung eröffnet. Viele Museen wie das Apothekenmuseum, das Universitätsmuseum oder das Verpackungsmuseum erhöhen die Attraktion der Stadt für Touristen. Weniger bekannt ist, dass Heidelberg auch zu den badischen Rebanbauregionen gehört. Es wird angenommen, dass bereits zur Römerzeit am Südhang des Heiligenbergs Reben angepflanzt wurden. Auch heute noch werden aus der Rebanlage Heidelberger Sonnenseite Trauben geerntet. Die Anlage mit etwa 4000 Rebstöcken befindet sich am östlichen Ende des Philosophenweges. Auf 24 Trassen sind dort bei einem Höhenunterschied von etwa 70 Metern die Rebsorten Riesling und Spätburgunder angebaut. Zu den weintouristischen Highlights gehört das Große Fass im kurfürstlichen Weinkeller des Heidelberger Schlosses mit einem Fassungsvermögen von 220 000 Litern. Auch der acht Kilometer lange Erlebniswanderweg „Wein und Kultur" mit 25 Stationen in Heidelberg-Rohrbach ist einen Besuch wert.

Das Große Fass

Südlich von Heidelberg durchquert die Badische Weinstraße **Leimen**, **Nußloch** und **Wiesloch**, bevor sie die Region der Bergstraße verlässt.

Schon im Jahre 766 wurde ein Weinberg in Nußloch erwähnt, so steht es in einer Schenkungsurkunde des Klosters Lorsch – im 8. Jahrhundert wurden hier also bereits Reben angebaut. Bis 1883 gehörte Wiesloch zur Kurpfalz, danach ging die Stadt an das Großherzogtum Baden. Der Weinbau verlor seit dem 18. Jahrhundert durch verschiedene Umstände, wie das Aufkommen von Schädlingen und Misswuchs, an Bedeutung. Allerdings entschlossen sich einige Winzer in der ersten Hälfte des 19. Jahrhunderts, den Weinbau wieder zu beleben. Es wurden nicht nur bestehende Weinberge, sondern auch neue

Flächen nutzbar gemacht. Ein besonderer Verdienst um die Wiederbelebung des Weinbaus in dieser Region wird dem Apotheker Johann Philipp Bronner (1792 - 1864) zugeschrieben. In seiner Anlage testete er verschiedene Schnittmethoden und errichtete eine Muster-Rebschule mit rund 400 verschiedenen Rebsorten bei einem Bestand von mehreren 100 000 Weinstöcken. Heute wird dieses Gelände vom Psychiatrischen Zentrum Nordbaden genutzt.

Im Winzerkeller Wiesloch werden sowohl Weine aus den Anbauregionen der Winzergenossenschaft Bergstraße und Winzerhof Dachsbuckel (Heidelberg) sowie den Winzergenossenschaften des Kraichgau angeboten. Die Ortsgenossenschaft Wiesloch selber ist seit 2001 mit den Ortsgenossenschaften Rauenberg und Malsch zur Winzergenossenschaft Kraichgau eG fusioniert – woran man sieht, wie schwer es ist, eine klare Wein-Grenze zwischen Südlicher Bergstraße und Kraichgau zu ziehen.

Die Tankstelle der Bertha Benz

Es war eine Sensation: Am 5. August 1888 startete Bertha Benz ihre legendäre Fahrt von Mannheim nach Pforzheim. Es war die erste Überlandfahrt in der Geschichte des Automobils überhaupt. Da es zu dieser Zeit aber noch keine Tankstellen gab, musste der Treibstoff in Apotheken gekauft werden. In Wiesloch tankte Bertha Benz erstmals nach – seither kann sich die dortige historische Stadt-Apotheke zu Recht als die älteste Tankstelle der Welt bezeichnen. Inzwischen ist der ortsansässige Verein der „Freunde historischer Fahrzeuge" sogar im Besitz eines originalen Nachbaus des „Patent Motorwagens" von Bertha Benz, das mit 1,5 Pferdestärken ausgestattet war. Die großzügige Spende kam von Mercedes Benz Classic.

Wein spezial – Bergstraße

Der Weinbau findet in Lagen zwischen 120 und 250 Metern statt, die meisten Rebflächen liegen auf den sanften Hängen mit westlicher Exposition. Mit tiefgründigem Löss und Lösslehm, Gesteinsverwitterungsböden aus Porphyr, Granit, Gneis und teils auch Buntsandstein bieten die Böden ein breites Spektrum.

Die Weine der Badischen Bergstraße gehören nicht, wie der Name andeuten könnte, zu den typischen Bergweinen aus kühlem Grenzklima. Der Riesling kann zwar seinen schlanken, kühl anmutenden Charakter ausbilden, doch eigentlich ist die Region wie geschaffen für kraftvolle Weine mit intensiver Frucht. Hier machen sich die Unterschiede in den Böden bemerkbar: Der Spätburgunder, der auf den Muschelkalkböden bei Leimen und südlich davon angebaut wird, verfügt über Glut und dichten Gerbstoff, wohingegen sich ein Spätburgunder von den Granit- und Porphyrböden nördlich von Heidelberg feingliedrig und delikat mit einer nur zarten Gerbstoffnote und reichem Duft zeigt. Auch die weißen Burgundersorten ergeben hier intensive Weine mit deutlicher Ausprägung ihres Sortencharakters.

Wein-Events an der Badischen Bergstraße

Februar	Rotweinwanderung Schriesheim
März	Mathaisemarkt Schriesheim
Juni	Rebblütenfest in Hemsbach
August/September	Winzerfest Wiesloch
September	Straßenfest mit Weindorf in Schriesheim
	Weinkerwe Leimen
	Weinwanderung in Schriesheim
Oktober	Winzerfest in Weinheim-Lützelsachsen
	Weinheimer Weinmeile

Tourismus Service Bergstraße e.V.

Marktplatz 1
69469 Weinheim
Tel.: 06252-131170
info@diebergstrasse.de

www.diebergstrasse.de

Der Kraichgau

Das Land der tausend Hügel

von Rauenberg bis Karlsruhe Durlach

Die Badische Weinstraße verlässt nun das Rheintal nach Osten und führt in eine liebliche, sanft-hügelige Landschaft – den Kraichgau. Er wird auch gerne als das „Land der tausend Hügel“ bezeichnet. Hier treffen die zwei großen Weinbaugebiete „Baden“ und „Württemberg“ aufeinander. Von den Hängen zwischen Rheinebene und Neckar wachsen mehr als zwei Dutzend Rebsorten. Auf der badischen Seite sind 233 Hektar mit Spätburgunderreben bepflanzt, gefolgt von Riesling (225 ha), Müller Thurgau (166 ha), Grauer Burgunder (133 ha), Weißer Burgunder (123 ha) und Schwarzriesling (93 ha).

Das Winzermuseum in Rauenberg

Seit vielen Jahrhunderten werden auf der Gemarkung **Rauenberg** Reben angepflanzt. Seit 1986 verfügt die Gemeinde im ehemaligen fürstbischöflichen Schloss über ein Winzermuseum. Hier werden zahlreiche Exponate zum Thema Weinbau vorgestellt. Während Rauenberg zu den größten Weinbaugemeinden von Nordbaden gehört, zählt die nach Süden direkt anschließende Gemeinde **Malsch** zu den ältesten Weinbauorten im Kraichgau. Ein schöner, sieben Kilometer langer Weinwanderweg am Letzenberg zwischen Malsch und Malschenberg bringt dem Besucher Geschichte, Ökologie, Anbaumethoden und die regionalen Besonderheiten des hiesigen Weinbaus näher. Am Letzenberg versammelten sich übrigens 1525 die Bauern der Umgebung, um in den Bauernkrieg zu ziehen. Heute geht es hier wesentlich beschaulicher zu.

Der Park von Schloss Eichtersheim im Angelbachtal

Hinter Malsch erreichen wir die Weinbaugemeinde **Angelbachtal**, zu der sich die Gemeinden Eichtersheim und Michelfeld im Jahre 1972 zusammengeschlossen haben. In der Ortsmitte liegt wunderschön das Schloss Eichtersheim inmitten eines historischen Schlossparks mit uraltem Baumbestand und botanischen Raritäten.

Eine sehr schöne Sandsteinbrücke führt über den Teich zum Schloss, in dem seit 1980 das Rathaus der Gemeinde eingerichtet ist sowie ein Restaurant. Jedes Jahr am Pfingstsonntag verwandeln 40 000 bunte Kerzen den Schlosspark in eine bunte Märchenlandschaft.

Die Geschichte des Weinbaus in Malsch

Im Lorscher Codex wird der Ortsname „Malsch" bereits im Jahre 783 erwähnt. Vermutlich haben schon die Römer hier Weinbau betrieben, aber eine erste urkundliche Erwähnung des Weinbaus gibt es erst aus dem Jahre 1302.

Um der Zehntpflicht besser nachzukommen, bevorzugten die Winzer von Malsch schon um 1700 bei der Neuanlagen reichtragende Rebsorten. Dies führte zu einer Weinschwemme der Sorte Elbling. Ganz energisch setzte sich der Fürstbischof Damian August Graf von Limburg aber für eine Vielfalt von Rebsorten ein: Der geistliche Weinkenner verfügte, dass die Winzer, die nicht innerhalb eines festgelegten Zeitraums ihre Rebanlagen neu bepflanzten, bestraft würden.

In der Mitte des 19. Jahrhunderts wurden durch verschiedene Rebkrankheiten viele der Anlagen zerstört. Die Folge war, dass es zu einem großen Rückgang des Rebanbaus kam. Viele Winzer stellten ihren Berieb ein. Sie bauten nur noch so viel Reben an, dass es zum Haustrunk reichte. Nach dem zweiten Weltkrieg fanden sich einige fortschrittliche Bürger zusammen, sie warben für die Wiederbelebung des Weinbau und so kam es zur Gründung des Weinbauvereins Malsch als Ortsgruppe des badischen Weinbauverbandes. Die Weine aus Malsch wurden in den vergangenen Jahren mit einer Vielzahl von Goldmedaillen ausgezeichnet.

Blick vom Dorfberg auf Kürnbach

Nicht weit entfernt liegt **Bad Schönborn**. Der Badekurort ist bekannt für seine Schwefel-, Thermalschwefel- und Thermalsolequellen. Die Geschichte dieser Gemeinde reicht weit zurück, dies beweisen Funde aus der Steinzeit, der Bronzezeit und der Eiszeit.

Nun führt die Badische Weinstraße nach Osten aus dem Rheintal heraus in einem großen Bogen ins Hinterland des Kraichgaus durch die Gemeinden Östringen, Eppingen, Sulzfeld, Kürnbach, Oberderdingen, Bretten und Gondelsheim und erreicht in Ubstadt-Weiher wieder das Rheintal. Urige Besenwirtschaften und gastfreundliche Winzer laden ein zu Hausmannskost aus eigener Herstellung und eigenem Rebensaft. Bei vielen Winzer- und Bauernhöfen kann man auch übernachten – die Betriebe bezeichnen sich hier einladend als die „Landgastlichen".

In **Eppingen** überrascht die Vielzahl an Museen: Klein aber fein und liebevoll eingerichtet sind sie ein Abbild der Heimatgeschichte: Neben der Raußmühle, dem Bauernmuseum, dem Heimat- und Tabakmuseum, dem Steinhauermuseum, der Galerie im Rathaus und der Alten Universität ist natürlich auch dem Weinbau mit der Weinbaustube Kleingartach ein eigenes Haus gewidmet.

In **Sulzfeld** sehen wir hoch über dem Ort die Burg Ravensburg aus dem 13. Jahrhundert. Ihr Grundriss ist noch weitgehend erhalten. Heute beherbergt die Burg ein Restaurant mit exquisiter Küche und bietet eine herrliche Aussicht über die Hügellandschaft des Kraichgau.

Die Ravensburg in Sulzfeld

Bekannt für seinen ausgezeichneten Schwarzriesling ist das malerische Fachwerkstädtchen **Kürnbach**. Kurz dahinter erreichen wir **Oberderdingen**, dessen Weinplateau am Derdinger Horn eine kleine weintouristische Attraktion darstellt: Bei einem Rebsortenquiz können Sie Ihr erlerntes Wissen am Ende des wunderschönen 4 km lange Rundweges testen.

Weingut Heitlinger – Weingut Burg Ravensburg

Weingut Heitlinger – Weingut Burg Ravensburg (Mitglied VDP)

Mit einer Gesamtrebfläche von über 115 Hektar sind die beiden Weinbaubetriebe die größten ökologisch arbeitenden Weinproduzenten in Deutschland.

Das Weingut Heitlinger liegt in Östringen-Tiefenbach. Die Böden sind hier von kalkhaltigem, buntem Mergel geprägt. Dieser Bodentyp ergibt Weine mit ausgeprägtem fruchtig-mineralischen Charakter, der besonders aus den so genannten „Großen Lagen", die vom VDP als beste Weinberge der jeweiligen Region klassifiziert worden sind, zum Ausdruck kommt.

Das Weingut Burg Ravensburg liegt in Sulzfeld und blickt auf eine über 750-jährige Geschichte zurück. Die mineralstoffreichen Gipskeuperböden hier sind mehr als 230 Millionen Jahre alt und bringen geradlinige Weine mit festem Körper und guter Struktur hervor.

Weingut Heitlinger und Weingut Burg Ravensburg sind eingebunden in ein ganzheitliches Konzept aus Natur und Kultur. Die Philosophie der Weine setzt sich im „Restaurant Heitlinger", direkt neben dem Weingut Heitlinger gelegen, fort. Der moderne Hotelkomplex „Heitlinger Hof" und das „Heitlinger Golf Resort" vervollständigen das Konzept „Erholen und Genießen im Weinberg".

WEINGUT HEITLINGER

Am Mühlberg 3 · D-76684 Östringen - Tiefenbach
Tel: 07259 9112 0 · www.Heitlinger-Genusswelten.com

Weingut Heitlinger | Weingut Burg Ravensburg
Restaurant im Weingut Heitlinger | Hotel Heitlinger Hof
Heitlinger Golf Resort

Ein kleiner Abstecher von der Badischen Weinstraße nach Norden führt nach **Kraichtal**, das 1971 durch den Zusammenschluss von neun Gemeinden entstanden ist. Neben der sehenswerten Wasserschlossruine in Menzingen lädt das Graf-Eberstein-Schloss in Gochsheim mit dem Ersten Deutschen Zuckerbäckermuseum und Badischen Bäckereimuseum zu einem Besuch ein. Und wer Interesse hat, nach einem weinlauschigen Abend noch den Abendhimmel zu verstehen, der kann sich in der Sternwarte in Oberöwisheim sehr anschaulich die Himmelmechanik an Naturmodellen erklären lassen und anschließend das Gelernte am Himmelszelt beobachten.

Über Gondelsheim (das dortige Schloss bildet mit seinen Nebengebäuden, dem Park, der Englischen Anlage und dem Nymphenbrunnen ein malerisches Ensemble und kann für Feiern und Tagungen gebucht werden) erreichen wir in Ubstadt-Weiher wieder das Rheintal, dem wir an Karlsruhe vorbei nun bis Baden-Baden folgen.

Bruchsal ist auch und vor allem für eine andere kulinarische Köstlichkeit bekannt: Hier finden wir den größten Spargelmarkt Europas. Die Stadt beheimatet 45 000 Einwohner und beherbergt viele Museen. Neben einem Kindergarten- und Streuobstmuseum ist besonders das Deutsche Musikautomatenmuseum zu erwähnen, eine Spezialsammlung mit 500 Exponaten aus dem 17. bis zum 20. Jahrhundert im Schloss Bruchsal. Das Schloss ist übrigens das einzige fürstbischöfliche Barockschloss am Oberrhein. Berühmt ist es vor allem durch das beeindruckende Treppenhaus von Baumeister Balthasar Neumann: es gilt als die „Krone aller Treppenhäuser des Barockstils“.

Das Schloss Bruchsal

Burgunder und Riesling sind typisch für die Gemeinde **Weingarten**. Die umfangreiche Rebflurbereinigung auf dem Katzenberg in den ersten Nachkriegsjahren forderte den Anbau hochwertiger Rebsorten. Das Wein- und Straßenfest in Weingarten, welches alle zwei Jahre im historischen Ortskern veranstaltet wird, gilt als eines der schönsten Feste der Region. Dies ist dann auch Gelegenheit, die hervorragenden Weine der Winzergenossenschaft und der Weingüter der Gemeinde zu präsentieren. Der Ortsname ist der Überlieferung nach aus einer Anlage von einem Weingarten entstanden. Der Codey Edelini spricht von „Wingarte ultra renu“, das lautet „Weingarten jenseits des Rheins“. Im 13. und 14. Jahrhundert war Weingarten im Besitz der Herren von Schmalenstein, an diese erinnern heute noch Reste einer Burgruine. Die kurpfälzische Weinbaugemeinde wurde im Verlauf der über tausendjährigen Geschichte mehrfach zerstört. Die Bevölkerung der Ge-

Blick auf Weingarten

meinde ist sich der wechselvollen Geschichte bewusst und hat alles daran gesetzt, die vielen alten Fachwerkhäuser zu restaurieren und zu erhalten.

Auf der Weiterfahrt nach Süden nähern wir uns **Karlsruhe**, dessen schönster Stadtteil Durlach an der Badischen Weinstraße liegt. Mit 300 000 Einwohnern ist Karlsruhe die zweitgrößte Stadt von Baden-Württemberg. Der älteste Stadtteil Knielingen wurde im Jahre 786 erstmals angeführt. Im 18. Jahrhundert erbaute der Graf von Hohenberg die Burganlage auf Tannenberg, und 1806 wurde Karlsruhe die Residenz der badischen Großherzöge. Seit 1950 ist Karlsruhe Sitz des Bundesgerichtshofs, des Generalbundesanwalts und seit 1951 auch des Bundesverfassungsgerichts. Deshalb wird die Stadt auch „Residenz des Rechts“ genannt. Charakteristisch für die Stadtplanung sind die ringsum vom Schloss in die Parkanlagen ausstrahlenden Straßen. Daher auch der Beiname „Fächerstadt“.

Die Fächerstadt Karlsruhe mit Schloss

Selbstverständlich lohnt ein Abstecher in die Metropole: Angesehene Kunstmuseen, das ambitionierte ZKM (Zentrum für Kultur und Medientechnologie) oder das Schloss mit dem Badischen Landesmuseum gehören zu den touristischen Attraktionen der Universitätsstadt.

Im Lorscher Codex von 771 wird im Ortsteil Karlsruhe **Durlach** erstmals Weinbau am Turmberg angeführt. Herolt von Berghausen schenkte damals „zum Wohle seiner Seele“ dem Kloster Lorsch einen Weinberg. Es ist ein Nachweis, dass hier schon seit 1 300 Jahren Reben angebaut werden. Entscheidend für die Gestaltung der Weinberge war Markgraf Wilhelm von Baden, er ließ durch den Stadtbaumeister Christian Hengst um 1852 die Mauern und Terrassen anlegen. Die Tochter des Markgrafen fand wenig Gefallen an dem Weinberg und verkaufte diesen an den Durlacher Rittershofer. 1889 übernahm dann die Stadt Durlach die Anlage. Als Anfang des letzten Jahrhunderts die Reblaus viele der Anlagen zerstörte, übernahm das Land Baden das Gelände und richtete dort im Jahre 1903 eine Rebveredlungsanstalt ein. 1980 wurde diese Institution nach Freiburg verlegt. Auf der Fläche wird nunmehr größtenteils die Rebsorte Riesling angebaut, die hier gut gedeiht. Dies liegt wohl an der Südlage und an dem Muschelkalkboden.

Wein spezial – Kraichgau

Das weinbaulich äußerst günstige Klima arbeitet Hand in Hand mit der wärme- und wasserspeichernden Funktion des Bodens. Neben Riesling und Spätburgunder fühlt sich hier der Auxerrois besonders wohl. Zwar besitzt er eine vergleichbar kleine Gesamtrebfläche, verglichen mit dem Riesling oder Spätburgunder, er ist aber doch eine typische Spezialität der Region. Als Spielart des Weißburgunders entwickelt er sich auf den überwiegend vorhandenen Rebböden aus Muschelkalk, Keuper und Buntsandstein mit der für Badens Geologie so typischen Lössauflage zu einem Wein mit expressiver Duftigkeit, sanfter Fülle und zugleich packender Mineralität.

Wein-Events im Kraichgau

Mai	Bruchsaler Spargelerlebnis
	Malscher Weinfest
Mai/Juni	Weindorf Kürnbach
	Pfingstmarkt Angelbachtal
September	Wandern und Wein
	Weinmarkt Bretten
Oktober	Weinmarkt Kürnbach
November	Malscher Weintage

Kraichgau-Stromberg Tourismus e.V.

Melanchthonstraße 3, 75015 Bretten
Tel. +49 (0) 7252 9633-0
info@kraichgau-stromberg.com
www.kraichgau-stromberg.com

Kraichgau Stromberg Tourismus e.V.

Die Ortenau

Obst und Reben in Hülle und Fülle

von Baden-Baden bis Lahr

Schon die Römer, die im ersten Jahrhundert das heutige Südwestdeutschland besiedelten, schätzten die heißen Quellen von **Baden-Baden**. Kaiser Caracalla ließ hier zu Beginn des zweiten Jahrhunderts für seine Soldaten Badeanlagen errichten, deren Reste man noch besichtigen kann. Die Anlage wurde im Jahre 1847 entdeckt; sie ist ein anschauliches Beispiel für die antiken Thermen. Leider ist der größte Teil der Ruinen des römischen Thermengebäudes überbaut. Aber viel eindrücklicher wirbt der kaiserliche Name heute für die 1985 eröffnete Caracalla-Therme. Die Baden-Badener Quellen seien wahre Geschenke der Natur, so wird immer wieder gesagt. Aus einer Tiefe von etwa 2000 Metern kommt das heilkräftige Wasser und spült heilsame Mineralien an die Erdoberfläche. Täglich sprudeln etwa 800000 Liter Wasser empor, das noch bis zu 68 Grad heiß ist.

Friedrichsbad

Zu Beginn des 19 Jahrhunderts entwickelte sich Baden-Baden zu einem der berühmtesten Kurorte Europas – eine sehenswerte Stadt mit einer reizvollen Umgebung. Besonders die Spielbank, die größte und älteste in Deutschland, avancierte zu einem Treffpunkt der internationalen Gesellschaft. Von der fast zwei Kilometer langen Lichtentaler Allee entlang der Oos, der historischen, von exotischen Bäumen gesäumten Promenade, führt eine breite Freitreppe zum Kurhaus und zum Casino. Der kleine Fluss Oos wurde von den Kelten Ausava genannt,

BADEN-BADENER WINZERGENOSSENSCHAF

BADEN-BADENER WEINSCHÄTZE
entdecken und erleben.

Entdecken und erleben Sie die Baden-Badener Weinschätze in der außergewöhnlic stilvollen Atmosphäre unserer Kellerei. In alle Ruhe können Sie auswählen und sich dabei kompete beraten lassen.

Eine ganz besondere Gelegenheit die Baden-Badener Weine und Sekte kennenzulernen, ist unsere *Freitags-weinprobe.* Von April bis Mitte Dezember können Sie an jedem Freitag um 14.30 Uhr (außer feiertags ohne Voranmeldung einen repräsentativen Querschnitt aus dem abwechslungsreichen Programm der Baden-Badener Weine verkosten. Gönnen Si sich einen »genussreichen« Besuch in unserem Haus.

Wir sind für Sie da: Montag bis Freitag von 8 bis 18 Uhr, Samstag von 9 bis 13 Uhr. Vom ersten Sonntag im April bis zum Sonntag vor Heiligabend ist sonntags vo 10 bis 13 Uhr geöffnet (außer Feiertage)

www.baden-badener-wg.de

BADEN-BADENER
WINZERGENOSSENSCHAFT

Mauerbergstraße 32
76534 Baden-Baden
Telefon 07223/9687-0

Baden-Bade

Kurhaus Baden-Baden

das heißt „leuchtendes Wasser". Das Kurhaus, ursprünglich „Konversationshaus", entstand in den Jahren 1821 bis 1824 nach den Plänen von Friedrich Weinbrenner. Außer den vielen Luxushotels, wie sie zu einem Weltkurort gehören, und den medizinischen Badeanstalten, wie das im Renaissancestil erbaute Friedrichsbad und die moderne Caracalla-Therme, findet der Besucher eine Reihe weiterer interessanter Baudenkmäler verschiedener Stilepochen, genannt seien hier nur die ehemalige Residenz des Markgrafen von Baden (Neues Schloss) oder die im byzantinischen Stil erbaute Russische Kirche und die rumänisch-orthodoxe Stourdza-Kapelle. Freunde der Kunst haben Gelegenheit, im Museum LA8, in der Staatlichen Kunsthalle oder in der benachbarten Sammlung Frieder Burda (allein das Museumsgebäude ist ein Besuch wert) wechselnde Ausstellungen von Weltrang zu besichtigen. In dem im Stil der Pariser Oper erbauten Theater agiert ein festes Ensemble, das ein abwechslungsreiches Programm bietet. Im Festspielhaus, das den Alten Bahnhof in seine Architektur mit einbezogen hat, gastieren weltberühmte Musiker.

Museum Frieder Burda

Die Landschaft um den Weltkurort ist vielgestaltig, sie reicht von den mit Reben bewachsenen Vorbergen bis hinauf zu den dicht bewaldeten Bergen des Schwarzwaldes auf über 1 000 Meter Höhe. Der 568 Meter hohe Battert, ein zerklüfteter Porphyrfelsen nordöstlich der Stadt, bietet ideale Klettermöglichkeiten. In unmittelbarer Nachbarschaft zum Battert-Naturschutzgebiet steht das Alte Schloss. Schon seit dem 16. Jahrhundert ist es eine Ruine. Die ältesten Teile des Gebäudes, die Oberburg oder der Hermannsbau mit dem Bergfried, wurden im 11. bzw. zu Beginn des 12. Jahrhunderts als Burg Hohenbaden erbaut. Von der Plattform des Turmes und vom Mauerkranz bietet sich eine herrliche Aussicht auf das Rheintal und die Vogesen.

WEINGUT KNAPP

UNSER WEINGUT. WIE ALLES BEGANN.

Der Ursprung der Produktion seit 2005 sind die Rebflächen im Westen beim Jagdhaus Hubertus. Die im Osten liegenden Lagen an der Eckbergkapelle, dem Silberbuckel und dem Schafberg runden die Anbauflächen im historischen Stadtbereich Baden-Badens ab.

IN BADEN-BADEN JÜNGSTES WEINGUT

2012 hat die Stadt Baden-Baden 6 Hektar der städtischen Rebflächen am Silberbuckel, Eckberg und Schafberg in die Obhut des Weinguts Knapp gegeben. Mit einer geänderten Zusammenstellung von Rebsorten, darunter grüner Veltliner und Traminer ist nun auch eine Neuorientierung möglich.

DER LEISE UND VERANTWORTUNGSVOLLE WINZER

Es gehört nicht zu den Gewohnheiten von Heinz J. Knapp, die Besonderheit seiner auf ökologischen Prinzipien ausgebauten Qualitätsweine laut in die Öffentlichkeit zu tragen. Er ist sich bewusst, dass er seine hohe Qualität gewohnten Kunden „leise" im Glas überzeugen muss.

Das Weingut der Familie Knapp mit Heinz J. Knapp an der Spitze, steht für jahrzehntelange profunde Qualität in der Kreation von Spitzenweinen.

WEINGUT KNAPP

Gunzenbachstraße 17 B
76530 Baden-Baden
Tel. +49 (0) 7221 / 280 80
www.weingut-knapp.de

ÖFFNUNGSZEITEN

Montag-Freitag: 10:00 – 18:00 Uhr
Samstag: 10:00-13:00 Uhr

Oder nach Terminvereinbarung

Das Alte Schloss

Nur wenige Kilometer entfernt überragt, von Wald umrahmt, die Ruine Ebersteinburg die umgebenden Berge. Das Schloss war einst Stammburg des alten Geschlechts der Grafen von Eberstein, dann im 13. Jahrhundert der Markgrafen von Baden. Südlich der Gemeinde Ebersteinburg liegt die bizarre Wolfsschlucht, das urromantische Vorbild für Webers „Freischütz".

Das landschaftliche Wahrzeichen Baden-Badens ist der 668 Meter hohe Merkur. Zahlreiche Wanderwege mit schönen Ausblicken führen zu dem ebenmäßig geformten Kegel, der seinen Namen dem Fund eines altrömischen Votivsteins für den Gott Merkur verdankt. Eine Kopie dieses Steins mit dem Konterfei des griechischen Gottes ist an der Südseite des Merkur-Aussichtsturms (prächtiger Panoramablick) angebracht. Vom Bahnhof Merkurwald führt eine der steilsten Standseilbahnen Europas zum Gipfelbahnhof.

Der Weinweg rund um Baden-Baden

Ganz in der Nähe der Ritterburg Eberstein liegt der Grafensprungfelsen: Nach einer Legende soll von hier der Graf Wolf von Eberstein mit seinem Pferd über die Murg gesprungen sein. Im Schlossgut Eberstein kredenzt man als Weinspezialität daher „Eberblut". Im Baden-Badener Stadtteil Lichtental befindet sich das im Jahre 1245 gestiftete Cistercienserinnenkloster Lichtenthal. Der Chor der Abteikirche zeigt Wandmalereien aus dem 14. Jahrhundert. Sie wurden 1946 freigelegt. In der Nähe des Klostergebäudes wohnte von 1845 bis 1871 Johannes Brahms. Es ist die einzige noch erhaltene Wohnstätte des Komponisten in Deutschland.

Die zwei Rebflächen am Eckberg und am Schafberg werden durch einen sehr schönen Wanderweg verbunden: Der Weinweg startet an der Marienkapelle am Eckberg und führt auf Baden-Badens Sonnenseite vorbei an herrlichen Aussichten auf die Stadt, das Kloster, den Schwarzwald mit Battert-Felsen und das Rheintal.

Weg in den Weinbergen des Baden-Badener Reblands mit Blick auf den Femersberg

Ein großartiger Ausblick auf das Rebland, die Rheinebene und die Vogesen bietet auch der Aussichtsturm des 524 Meter hohen Fremersberg.

Über die Winzergemeinde **Varnhalt**, vorbei an der ehemaligen Ritterburg Yburg (die Burg, deren Grundmauern aus dem 12. Jahrhundert stammen, wurde 1689 zerstört) führt die Badische Weinstraße zu einer der größten Weinbaugemeinden Mittelbandes, nach **Neuweier**. Die Rebkulturen dieser Gemeinde waren bereits im 16. Jahrhundert bekannt. Die Weine der Reborte Varnhalt, Umweg, Neuweier und Steinbach werden nach einem verbrieften Recht in Bocksbeutelflaschen abgefüllt, denn der 1816 verstorbene Neuweierer Schlossherr Freiherr von Knebel war gleichzeitig Bischof von Eichstätten in Mittelfranken. Und vom Frankenland her schätzte der Freiherr wohl den Bocksbeutel und ließ deshalb den Wein seines Gutes ebenfalls in solche Flaschen abfüllen. Als besondere Spezialität dieser Gegend gilt der Mauerwein, der beim Schloss Neuweier gezogen wird.

Außergewöhnlich: Bocksbeutelflaschen außerhalb Frankens

Varnhalt wurde bereits im Jahre 1368 erstmals erwähnt. Besonders zu beachten ist ein Weinlehrpfad, der mit Findlingen und entsprechenden Schrifttafeln mit Lagebezeichnung und Weinsorten versehen ist. Ältester überlieferter Lagename von Steinbach ist „Stich den Buben“. Die Bezeichnung geht zurück auf den Meisterkoch Hans Stichdenbuben, der im 15. Jahrhundert in Diensten des Markgrafen Karl I. von Baden stand. Dieser verlieh dem Koch für seine „allzeit willigen und getruwen Dienste“ ein Rebgrundstück.

Weingut Schloss Neuweier

Das Weingut Schloss Neuweier

Das Schloss Neuweier, eine der wenigen gut erhaltenen Tiefburgen in Baden, stammt aus dem 12. Jahrhundert und beherbergt neben dem traditionsreichen Weingut auch ein Restaurant mit einem Michelin-Stern und ein Hotel. Diplom-Önologe Robert Schätzle hat hier ideale Voraussetzungen gefunden, um seine Philosophie von lagentypischen Weinen zu verwirklichen. Seine frischen filigranen Spitzengewächse lassen die Leidenschaft erkennen, mit der er seinen Betrieb führt. Das Weingut, Mitglied im Verband deutscher Prädikatsweingüter, bietet eine auserlesene Palette an exzellenten Weinen aus den Spitzenlagen Neuweierer Schlossberg, Goldenes Loch und Mauerberg.

Auf 15 Hektar dominiert der Riesling; daneben werden Weißburgunder, Spätburgunder, Gewürztraminer, Chardonnay und Sauvignon Blanc gelesen, die im historischen Keller behutsam ausgebaut werden. Besonders die alten Rebstöcke haben es Robert Schätzle angetan: Durch strenge Selektion werden feingliedrig-frische Weine mit einer spürbaren Mineralität und einem enormen Fruchtspektrum gewonnen.

WEINGUT *seit 1549*
SCHLOSS NEUWEIER
ROBERT SCHÄTZLE

Weinprobe mit Kellerführung

Besucher können die Weine direkt im Weingut verkosten oder eine Weinprobe inkl. Reben- und Kellerbesichtigung zum Preis von 20,- € pro Person (für Gruppen ab 10 Personen) in unserem ***'Weinmuseum'*** buchen. Zur Weinprobe reichen wir Brot und Mineralwasser.

WEINGUT
SCHLOSS NEUWEIER

Mauerbergstraße 21
76534 Baden-Baden-Neuweier
Tel.: +49 7223 96670

Öffnungszeiten:

Mo-Fr 9.00-12.00 Uhr
13.00-18.00 Uhr
Sa 10.00-15.00 Uhr
So 10.00-13.00 Uhr (Juni - Sept.)

www.weingut-schloss-neuweier.de

Guter Rotwein aus der Spätburgunderrebe haben die Winzergemeinden **Eisental** und **Affental** bekannt gemacht. Der Name Affental ist nicht von dem Tier abgeleitet. Die Geschichte erzählt, dass hier einst eine Kapelle gestanden hat, deren Glocke zum täglichen Ave Maria rief. Aus dem Ave-Tal wurde Afenthal und dann Affental. Der Name wird auch mit einem früheren Grundherrn in Verbindung gebracht: Das Cistercienserinnenkloster Baden-Baden-Lichtenthal, dessen Hauptsitz in Burgund liegt, brachte die Rebe über „Abouar", einem kleinen Weinort im französischen Jura, in das Tal. Daher wird der Blaue Spätburgunder hier auch als „Arbste" bezeichnet. Bereits im Jahre 1908 kam es in Affental zur Gründung einer Winzergenossenschaft.

Von **Bühlertal** aus lohnt ganz besonders ein Ausflug zu den Wasserfällen der tief in Granitfelsen eingeschnittenen Gertelbachschlucht. Über einen aufregenden Wanderweg mit Brücken und in den Stein gehauenen Stufen kann man dem Wasserlauf bis hoch auf den Berg hinauf folgen.

Westwärts von **Altschweier** liegt die Gemeinde **Bühl**. Schon im Jahre 1283 erwähnt, kennt man Bühl heute vor allem seiner Frühzwetschgen wegen. Sie sind eine geglückte Kreuzung zwischen der heimischen schlanken Zwetschge und einer französischen Eierpflaume. Alljährlich am zweiten Septemberwochenende wird das Bühler Zwetschgenfest gefeiert. Der Rathausturm von Bühl, Rest einer spätgotischen Kirche, stammt vom Anfang des 16. Jahrhunderts.

An den Rebbergen von **Kappelwindeck** und der Burgruine Alt-Windeck vorbei erreichen wir über die Badische Weinstraße Hub, einst dank seines warmen, jodhaltigen Wassers ein bedeutender Badeort. Übrigens war es der erste in Deutschland mit einer eigenen Badeordnung.
Von **Hub** führt die Badische Weinstraße an prächtigen Obstgärten entlang nach **Ottersweier**. Aus den Früchten des hier angebauten Obstes werden in den vielen (privaten) Schnapsbrennereien die geschätzten „Schwarzwälder Wässerle" gebrannt. Das gut restaurierte Gnadenbild einer sitzenden Madonna aus dem 14. Jahrhundert schmückt die Wallfahrtskirche Maria Linden bei Ottersweier.

Eine der ältesten Weintrotten Deutschlands kann in der Gemeinde **Lauf** besichtigt werden. Oberhalb des Dorfes steht auf einem steilen, 316 Meter hohen Felsen die Burgruine Neu-Windeck aus dem 14. Jahrhundert, auch Laufener Schloss genannt.

Alte Weintrotte Lauf

Die alte Weintrotte im Alsenhof zu Lauf ist ein einmaliges, kulturhistorisch wie handwerklich gleichermaßen interessantes Stück. Man hat sie vor wenigen Jahren in einem halb zerfallenen, sogenannten Trott- oder Weinhaus entdeckt. Der Weinbau um den herrlich in einem Wiesentälchen gelegenen Alsenhof ist uralt. Anfänge lassen sich schon aus dem 14. Jahrhundert belegen. Die Trotte ist ganz aus Eichenholz und wiegt insgesamt nahezu 300 Zentner. Der Pressbalken ist aus einem Eichenstamm und mehr als 8 Meter lang. Ein handwerkliches Glanzstück ist die 3,85 Meter hohe Spindel. Die Tagesleistung der Trotte betrug 2 500 kg Trauben, aus denen täglich 1 800 Liter Traubensaft gewonnen wurden. Er lief aus dem Mostzuber durch den Fußboden direkt in den darunter liegenden Keller, dessen Fässer mehr als 10 000 Liter fassten. Heute finden auch Trauungen im Trotthaus statt.

Das Trotthaus ist zur Besichtigung vom 1. Mai bis 31. Oktober jeden Sonn- und Feiertag von 14:00 bis 18:00 Uhr geöffnet.

Adresse: Alsenhof 1a, 77886 Lauf

Winzerkeller Hex vom Dasenstein

Spitzenweine aus Kappelrodeck

Der Winzerkeller Hex vom Dasenstein zählt seit Jahrzehnten zu den besten Weinbaubetrieben in Deutschland. Die Hex ist erste Adresse für beste Spätburgunder Rotweine, filigrane Weißweine, spritzige Winzersekte und elegante Seccos. Seit vielen Jahren steht unser Betrieb in den Top 4 der DLG-Bestenliste. Damit wurde ein Stück deutsche Weingeschichte geschrieben.

Die Weinmacher aus dem Achertal arbeiten mit Hingabe für die Hex vom Dasenstein. Ein ausgefeiltes Qualitätsmanagement, besondere Selektionslagen und die sorgfältige Arbeit der Winzerinnen und Winzer in den Weinbergen führen zu hervorragenden Ergebnissen. Der Medaillenspiegel zeigt es, denn viele der Weine aus dem Winzerkeller Hex vom Dasenstein sind auf nationalen und internationalen Plattformen sehr erfolgreich.

Seit über 80 Jahren stehen die Winzerinnen und Winzer hinter dieser Philosophie. Sie leben diese Werte das ganze Jahr hindurch bei ihrer Arbeit im Weinberg.

Die Lese erfolgt als aufwändige und schonende Handlese mit aufmerksamer Sortierung des Traubenguts.

WINZERKELLER
HEX VOM DASENSTEIN
SEIT 1934

UNSER EXKLUSIVES ANGEBOT

Unser exklusives Angebot:

Sie erhalten ab einem Einkaufswert von 30,00 €
ein hochwertiges **Kellnermesser** gratis.

WINZERKELLER
HEX VOM DASENSTEIN

Burgunderplatz 1
77876 Kappelrodeck
Tel. 07842 9938 0
www.dasenstein.de

Öffnungszeiten:

Mo-Fr	8.00-12.00 Uhr
	13.30-17.30 Uhr
Sa	9.00-13.00 Uhr
So	10.00-13.00 Uhr (Mai - Dez.)

Kloster Erlenbad

Das Kloster Erlenbad, das zur Gemeinde Sasbach gehört, ist ein Mutterhaus der Kongregation der Franziskanerinnen. Ein Denkmal in Sasbach erinnert an den französischen Marschall Turenne, der 1675 nach einem Kampf gegen den kaiserlichen Feldherrn Montecuccoli hier gefallen ist. In einem Museum werden Erinnerungsstücke an diesen Krieg aufbewahrt. Das Museum dient zugleich als Begegnungsstätte deutsch-französischer Geschichte. Von Obersasbach aus ist es nicht weit nach Sasbachwalden mit seinen schmucken Fachwerkhäusern, den Wasserfällen der Gaishölle und der Ruine des sagenumwobenen Brigittenschlosses, das auf einem fast 800 Meter hohen Felsen des Hornisgrindemassivs thront. In **Sasbachwalden** sollte man es nicht versäumen, die Rotweinspezialität „Alde Gott" zu probieren. Von den Obstsorten, die hier gedeihen, sei besonders die Süßkirsche erwähnt, aus der Kirschwasser gebrannt wird. Zum Übernachten kann man in diesem schönen Dorf übrigens auch ein Weinfass beziehen.

Von Sasbachwalden in den Schwarzwald

Die Hex vom Dasenstein in **Kappelrodeck**, etwa zehn Kilometer südlich von Sasbach, gibt nicht nur einem vorzüglichen Rotwein den Namen, sie verführt auch um die Fastnachtszeit alljährlich eine ganze Gemeinde zu närrischem Treiben. Südlich von Kappelrodeck steht auf einer Anhöhe des Achertales das 1880 im Renaissancestil erbaute Schloss Rodeck. Eben dort wurde einst die sagenumwobene Hex vom Dasenstein geboren. Bis 1998 war das Anwesen im Besitz des Ortenauskreises und diente als Altersheim. Seit 1999 ist das Schloss in Privatbesitz. In der Kapelle des Schlosses befinden sich Reste von Wandmalereien aus dem 15. Jahrhundert.

Burgruine Schauenburg mit Blick über Oberkirch und das Renchtal

Über den Rotweinort Waldulm im Fautenbachtal, einem Ortsteil von Kappelrodeck, und über Ringelbach erreicht die Weinstraße das **Renchtal**. Freunde des Rieslingweines sollten in Ringelbach oder in den der Gemeinde **Oberkirch** zugehörigen Orten Haslach und Tiergarten bei einer Weinprobe Rast machen.

Geschäftlicher und kultureller Mittelpunkt des Renchtales ist die Stadt Oberkirch, eine ehemalige bischöflich-straßburgische Oberamtsstadt, die durch ihre stattlichen Fachwerkhäuser eine mittelalterliche Idylle bewahrt hat. Bereits im Jahre 1326 hat König Friedrich von Habsburg der Gemeinde Oberkirch die Stadtrechte verliehen. Überragt wird die Stadt von der mächtigen Burgruine Schauenburg. Die Burg wurde im 11. und 12. Jahrhundert erbaut und 1689 während des Orleanskrieges zerstört. Seit 1731 gilt sie als Ruine. Von der Burg bietet sich eine wunderschöne Sicht in die weite Bucht des Renchtales und über die Rheinebene bis hin nach Straßburg. Christoph von Grimmelshausen, einer der größten deutschen Barockdichter, betrieb hier übrigens einige Zeit das Gasthaus „Silberner Stern“ und verfasste hier seinen berühmten Roman „Simplizius Simplizissimus“.

Schattenplatz unter Reben: Beim Oberkircher Weinwandertag

Außer Wein, von dem die Renchtäler Clevner und Klingenberger sowie der Ruländer besonders beliebt sind, wird in dem wegen seines Lössbodens besonders fruchtbaren Tal vielerlei Obst angebaut. Die alten Fastnachtsbräuche von Oberkirch sind ebenso bekannt wie das alle zwei Jahre stattfindende Oberkircher Weinfest. Seit dem Jahre 2000 wird im Mai das Erdbeerfest gefeiert. Die Erdbeeren von Oberkirch sind weit bekannt, immerhin gehen alljährlich 3000 Tonnen von dieser Königin der Früchte von Oberkirch in alle Welt.

Für den Kunstfreund empfiehlt sich ein Besuch der spätgotischen Wallfahrtskirche in der direkt anschließenden Gemeinde Lautenbach. Zur Lautenbacher Kirche wurde 1473 von der Ortenauer Ritterschaft der Grundstein gelegt. Beachtenswert sind die in spätgotischer Steinmetzarbeit ausgeführte Gnadenkapelle und die beiden Schnitzaltäre, geschaffen Anfang des 16. Jahrhunderts.

Ein Abstecher auf die Höhen des Schwarzwaldes

Von Oberkirch zur Schwarzwaldhochstraße führt uns die Straße zur Kirchenruine von Allerheiligen (Foto unten) im Lierbachtal. Sie gilt als erstes Denkmal der Gotik in Mittelbaden. Zum Ende des 12. Jahrhunderts wurde das ehemalige Prämonstratenserkloster durch Uta von Schauenburg gegründet. Nach der Säkularisation zu Beginn des 19. Jahrhunderts wurde das Kloster aufgelöst und wenige Jahre danach durch Blitzschlag zerstört. Die Ruine und die spektakulären Wasserfälle ziehen im Sommer viele Touristen an.

Von Allerheiligen aus ist es nicht mehr weit zum Ruhestein. Hier finden wir uns in dem ganz anderen Landschaftstyp der rauen Höhenzügen und Grindenflächen des Nordschwarzwaldes wieder – ein unberührtes Gebiet, dessen Wildheit zur Schaffung des ersten baden-württembergischen Nationalparks „Schwarzwald“ geführt hat. Bei der Weiterfahrt ins obere Teil des Renchtales begegnen wir den bekannten Renchtalbädern, den Kurorten Bad Peterstal und Bad Griesbach. Bereits 1570 wurde die Quelle von Griesbach als Heilbad genutzt.

Schloss Staufenberg

Von Oberkirch aus, an mächtigen Rebanlagen vorbei, verläuft die Straße nach dem aus vielen Zinken bestehenden Weinort **Durbach**. Kaum eine andere Weinbaugemeinde Badens konnte innerhalb der vergangenen Jahre so viele Preise und Medaillen für ihre vorzüglichen Weine erzielen wie Durbach. Hier ist die Heimat des Traminers, auch Clevner genannt, und des Rieslings, des „Königs der deutschen Weine". Riesling wird in dieser Region seit 1776 angebaut. Zu der Gemeinde gehört auch das viel besuchte Schloss Staufenberg, das bereits zu Beginn des 11. Jahrhunderts urkundlich erwähnt wird. Gründer des Schlosses war Otto von Hohenstaufen. Heute gehört es samt der anliegenden

Weinberge zum Besitz des Markgrafen von Baden. Am Klingelberg, nahe Schloss Staufenberg, hat Markgraf Carl Friedrich von Baden im Jahr 1782 übrigens erstmals ausschließlich Riesling-Würzlinge und Riesling-Setzlinge nachgepflanzt und damit den ersten sortenreinen Weinberg in Baden geschaffen. Der zertifizierte Wanderweg „Durbacher Weinpanorama" führt auf 16 km durch diese wunderschöne Landschaft. Wer nicht so gut zu Fuß ist, kann auch eine Segway-Tour durch die Reben buchen. In der Vorbergzone liegen die zur Stadt Offenburg gehörenden Weinorte Rammersweier, Zell-Weierbach und Fessenbach.

Wandern spezial

Der Ortenauer Weinpfad verläuft auf über 100 Kilometern Länge parallel zur Badischen Weinstraße durch das Weinparadies Ortenau. Bei einer Wanderung lassen sich die Vorzüge der Region vereinen: eine traumhafte Landschaft, die berühmten Ortenauer Weine und die Köstlichkeiten aus der Küche wie zum Beispiel der viel gerühmte Schwarzwälder Schinken oder Speck, verschiedene Wildgerichte oder die in den Schwarzwaldbächen gefangenen Forellen. Auf sieben Tagesetappen von Gernsbach bis Diersburg, von der Murg bis an die Kinzig, lässt sich so der Wein hautnah erleben. Burgen und Schlösser sowie zahllose Aussichtspunkte für den Blick über das Rheintal zu den Vogesen oder die Berge des Schwarzwaldes bilden den landschaftlichen Rahmen. Wein-Guides und zertifizierte Gästeführer bieten ganz persönliche Weinerlebnisse, sei es bei einer Weinwanderung, einer Weinprobe im Weinberg oder bei einer Kellereibesichtigung.

Als Metropole der Ortenau gilt **Offenburg**. Schon die Römer wussten die Lage Offenburgs am Ausgang des Kinzigtales mit seinen günstigen Verkehrswegen zu schätzen. Die Stadt ist eine Gründung der Zähringer Herzöge. Die teilweise noch erhaltene Stadtmauer ermöglicht Rückschlüsse auf die einstmalige Größe Offenburgs. Als kultureller und wirtschaftlicher Mittelpunkt der Ortenau entwickelte sich Offenburg in den vergangenen Jahrzehnten zu einem wichtigen Handels- und Messeplatz Baden-Württembergs. An der Geschäftsstraße, die die Stadt von Norden nach Süden durchzieht, findet der Besucher viele eindrucksvolle Bauwerke. Da wären das in der Mitte des 18. Jahrhunderts erbaute Rathaus mit seiner siebenachsigen Fassade und der frühere Amtshof der Ortenauer Landvogtei zu nennen. Die Nordfassade des Rathauses krönt eine Figur des Prinzen Offo, der vermutlich der Stadt seinen Namen gegeben hat. Das Langhaus der sehenswerten Heilig-Kreuz-Kirche ist das Werk eines Meisters der Vorarlberger Bauschule des 18. Jahrhunderts. Inmitten einer hübschen Gartenanlage auf dem alten Friedhof steht ein in Stein gehauener Ölberg aus dem Jahre 1524. Zum Kirchenschatz der Heilig-Kreuz-Kirche gehören das 1515 geschaffene silberne Vortragekreuz und ein Sandsteinkruzifix aus dem Jahre 1521 in der nördlichen Kapelle des Chors. Jedes Jahr werden in Offenburg ein Weinmarkt und an zwei Wochenenden im September das Ortenauer Weinfest veranstaltet – eine gute Gelegenheit, fast alle Weine dieser Gegend zu kosten.

Südostwärts von Offenburg führt die Weinstraße nach **Ortenberg**. An diesem Teil der Straße werden die immer seltener werdenden Silvanerreben angebaut. Zwischen den Rebbergen steht die 1497 erbaute spätgotische Wallfahrtskirche Maria Ruh, auch Bühlwegkapelle genannt, die ein reicher Zyklus von Wandmalereien aus dem frühen 16. Jahrhundert schmückt. In der Gemeinde Ortenberg befindet sich das Weinbauversuchsgut des Ortenaukreises. Auf einer bewaldeten Anhöhe steht das bereits im 12. Jahrhundert erstmals genannte und nach

WEINSTADT FÜHRUNGEN OFFENBURG

Genießen und erleben Sie die Weinstadt Offenburg. Die Offenburger Stadtgeschichte ist seit jeher eng mit dem Wein verbunden. Bei einem Rundgang durch die Offenburger Innenstadt erfahren die Teilnehmer, warum Offenburg als Weinstadt bezeichnet wird.

An den einzelnen Stationen vermitteln ein Weinexperte und eine Stadtführerin Wissenswertes über die vorgestellten Weine und die Geschichte von Offenburg.

Stadt Offenburg

Abteilung Stadtmarketing
Hauptstraße 90 · 77652 Offenburg
Tel. 0781 82-2217 · Fax 0781 82-7252
stadtmarketing@offenburg

WEINTOURISMUS PREIS 2016
WEINSÜDEN BADEN-WÜRTTEMBERG

www.offenburg.de

Schloss Ortenberg

der Zerstörung zu Beginn des 19. Jahrhunderts auf den alten Mauern im neugotischen Stil erbaute Schloss Ortenberg. Das Gebäude dient heute als Jugendherberge.

Von Ortenberg aus verläuft die Badische Weinstraße entlang der über hundertjährigen Schwarzwaldbahn, über **Öhlsbach** zu der ehemaligen freien Reichsstadt **Gengenbach**, einige Kilometer hinein ins Kinzigtal. Kaum eine Stadt im mittleren Schwarzwald kann auf eine so lange und bewegte Geschichte zurückblicken wie Gengenbach. Viele sehenswerte Bauten, alte Fachwerkhäuser, ansehnliche Patrizier- und Bürgerhäuser aus dem 18. Jahrhundert, alte Kirchen und Klostergebäude versetzen den Besucher unversehens in eine andere Zeit. Das Benediktinerkloster Gengenbach wurde im Jahre 740 gegründet und nach über tausendjährigem Bestehen durch die Säkularisation aufgehoben. In dem Gebäude ist heute ein Lehrerinnenseminar untergebracht. Der Bau der ehemaligen Klosterkirche, der heutigen Stadtpfarrkirche, wurde im 12. Jahrhundert begonnen. Es handelt sich um eine dreischiffige romanische Basilika, deren Hauptapsis gotisch erneuert ist. Bei der Aufführung bedeutender Bauwerke in Gengenbach sind zu erwähnen: die Friedhofskirche St. Martin, das 1784 erbaute Rathaus, der reich verzierte Marktbrunnen, die vor dem Jahre 1000 gegründete Kapelle St. Einbet, dann das Anfang des 17. Jahrhunderts erstellte Eselsberger Denkmal und nicht zuletzt die teilweise noch erhaltene Stadtbefestigung mit den Stadtmauern. Eine Sehenswürdigkeit ist auch die Engelgasse. Ende des 17. Jahrhunderts bei einer großen Feuersbrunst zerstört, wurde sie noch im selben Jahrzehnt nach alten Plänen maßgerecht wieder

Engelgasse in Gengenbach

Gengenbach: einfach schön!

Eines der schönsten „Städtle“ Deutschlands, so die Reiseführer. Wer die Altstadt Gengenbachs betritt, glaubt sich schlagartig in ein Freilichtmuseum oder eine Filmkulisse versetzt: Fachwerkhäuser so weit das Auge reicht, perfekt inszeniertes Kleinstadtleben, mediterrane Straßenszenen im historischen Stadtbild, weltstädtisches Flair. Im harmonischen Miteinander Türme, Tore, Winkel und Gassen.

Im Mittelpunkt der Markplatz und das Rathaus, das sich im Winter in das weltgrößtes Adventskalenderhaus verwandelt. Die warm hinterleuchteten Fenster mit Werken weltbekannter Künstler wie Marc Chagall oder derzeit Andy Warhol bilden ein magisches Kunstwerk. Dank der Kooperation mit dem Museum Frieder Burda in Baden-Baden werden hochkarätige Ausstellungen im Museum Haus Löwenberg aus dessen Sammlung präsentiert.

Lebensart und Sinngenuss gibt es auch à la carte: erlesener Gengenbacher Wein, herzhaftes Vesper, typisch badische Küche oder Gourmet-Spezialitäten. Hier wächst das, was auf den Teller kommt, direkt vor der Tür. Altstadt und Genuss steht auch im Mittelpunkt der zahlreichen Stadtführungen. Das breit gefächerte Gastgeberangebot von der Ferienwohnung bis zum Sterne-Hotel lässt dem Besucher keine Wünsche offen.

In den Seitentälern dann der echte Schwarzwald. Schwarzwaldhöfe wie im Bilderbuch und einzigartige Natur, beim Wandern auf Themenpfaden oder mit dem Rad auf dem ausgezeichneten Wegenetz. Gengenbach: Aktiv sein, durchatmen und entspannen.

Infos:

Gengenbach Kultur- und Tourismus GmbH
Im Winzerhof, 77723 Gengenbach
Tel. 0049 (0) 78 03 / 93 01 43
www.gengenbach.info, E-Mail: tourist-info@stadt-gengenbach.de

Adventskalender Gengenbach

Bollenhutmacherin im Freilichtmuseum Vogtsbauernhöfe

aufgebaut und zeigt heute noch ein unverwechselbares mittelalterliches Aussehen.

Von Gengenbach lohnt ein Abstecher ins **Kinzigtal**, ein wunderschönes Tal des Mittelschwarzwaldes. Viele Museen zeigen sehr anschaulich, wie hart das Leben früher in dieser Berglandschaft war und wie die Menschen ihr Leben als Flößer, Köhler, Glasbläser, Waldarbeiter oder Bauer bestritten. Hier ist auch die Heimat des berühmten Schwarzwälder Bollenhutes und der Kuckucksuhren. Touristisches Highlight ist das Freilichtmuseum „Vogtsbauernhöfe“ in **Gutach**: Das 1961 gegründete Museum zeigt mehrere originale Schwarzwaldhöfe, darunter drei Haustypen des Schwarzwaldes, ein Hochschwarzwaldhaus aus dem Jahre 1599, das fast gleichaltrige Gutachhaus und das Kinzigtalhaus dem Jahre 1505. Dazu gehören alle Nebengebäude mit entsprechendem Hausrat und Werkzeug. Interessant sind auch die Klopf- und Gattersägemühle, die Hammerschmiede, die Hausmahlmühle und das Back- und Brennhäusle.

Moderne Interpretation von Heimat: Die Kuckucksuhr „Lucky Heimat“ des Offenburger Künstlers Stefan Strumbel

Wein spezial – Ortenau

Der Wein der Ortenau erfährt durch das milde Klima, die über 1 700 Sonnenstunden jährlich und die Granitverwitterungsböden seine typische Ortenauer Eigenart. Die durch den Schwarzwaldrücken bedingten Niederschläge geben den hiesigen Weinen ihre Fruchtigkeit und elegante Leichtigkeit. Der Boden, vornehmlich Granit, Gneis und Buntsandstein, nimmt die Sonnenwärme gut auf. Darüber hinaus spendet er einen reichen mineralischen Extrakt, sodass die Wirkung eines vergleichsweise rauen Grundklimas ausgeglichen wird. Dieses sogenannte Grenzklima der oberen Lagen ist ideal für den Riesling. In Durbach, im ehemaligen Gewann „Klingelberg“, gedeiht er besonders gut, was dazu geführt hat, dass die Bezeichnung „Klingelberger“ heute als Synonym für einen besonders hochwertigen Riesling gilt. Der Spätburgunder ist die meistangebaute Sorte der Ortenau. Oft findet man ihn auf fetteren Böden mit hohen Sandanteilen. Er charakterisiert sich durch ein komplexes Puzzle aus kühler Frucht, rauchigen Nuancen, samtigen Tanninen, dunklen Beeren und Extraktreichtum.

Wein-Events in der Ortenau

Mai	Badische Weinmesse in Offenburg
Juni	Mittelalterliche Winzertage in Baden-Baden Steinbach
	Durbacher Weinfest
September	Oberkircher Weinfest
	Bühler Zwetschgenfest
	Gengenbacher Wein- und Stadtfest
	Bereichsweinfest: Ortenauer Weinfest in Offenburg
	Winzerkirwi in Kappelrodeck
Oktober	Erntedank- und Weinfest in Sasbachwalden

Kulinarische Weinwanderungen in Baden-Baden, Bühlertal, Kappelrodeck, Oberkirch, Offenburg und Sasbachwalden

Weinparadies Ortenau e.V.

Bahnhofstr. 16, 77704 Oberkirch
Tel: + 49 (0)7802 – 82 606

www.weinparadies-ortenau.de

Der Breisgau

Durch Weindörfer und mittelalterliche Städtchen

von Lahr bis Freiburg

Von Offenburg verläuft die Badische Weinstraße nach Süden in Richtung Freiburg durch die Weinorte **Berghaupten**, **Zunsweier**, **Diersburg**, **Oberschopfheim** und **Friesenheim**, vorbei an der schönen Gemeinde **Hohberg**. Ursprünglich war Friesenheim ein Ort der fränkischen Staatskolonisation und daher Königsgut. So konnte Kaiser Heinrich I. im Jahre 1016 seinen Besitz in Friesenheim an das Kloster Schuttern schenken. Im Jahre 1629 wurden alle Rechte an Friesenheim Baden zugesprochen – somit gehörte der Ort zur badischen Herrschaft Mahlberg. Der Kirchturm der evangelischen Kirche entstand im Jahre 1496 und hat in seinem Untergeschoss ein Kreuzrippengewölbe. Das Deckengemälde der Kirche fertigte Johann Baptist Nußbaumer. In den Jahren 1972 bis 1975 schlossen sich die Gemeinden Oberweier, Heiligenzell, Oberschopfheim und Schuttern der Gemeinde Friesenheim an. Der Ortsteil Oberschopfheim hat sich aus einer alten fränkischen Siedlung entwickelt. Zu Beginn des 18. Jahrhunderts wurde das Dorf im spanischen Erbfolgekrieg völlig zerstört. Die katholische Pfarrkirche St. Leodegar entstand 1956. Anzuführen sei noch die Gutleutkirche aus dem 13. Jahrhundert mit Wandmalereien aus dem frühen 16. Jahrhundert.

Diersburg

Während der Chrysanthema geschmückter Storchenturm

Von Friesenheim aus erreicht die Badische Weinstraße die am Westrand der Schwarzwaldberge gelegene Stadt **Lahr**. Das Wahrzeichen der Stadt am Ausgang des Schuttertales ist der Storchenturm. Das Bauwerk ist der Rest einer im 17. Jahrhundert abgetragenen Tiefburg der Geroldsecker mit ursprünglich vier Türmen. Im Inneren befindet sich ein kleines Museum mit Exponaten zur Stadtgründung. Die Herren von Geroldseck hatten im 13. Jahrhundert zwischen den heute der Stadt Lahr eingemeindeten Dörfern Dinglingen und Burgheim eine Wasserburg erbaut, um die herum die Siedlung Lahr entstand. Das Stammschloss der Geroldecker wird schon im 11. Jahrhundert urkundlich bezeugt. Das Schloss steht auf einer Bergkuppe bei Schönberg, 1689 wurde es zusammen mit dem Lahrer Wasserschloss von den Franzosen geschleift. Im alten Ortskern von Lahr findet der Besucher zahlreiche stattliche Häuser im Stil des Spätbarocks, Rokoko, Klassizismus und Biedermeier. An der Kaiserstraße steht das mit einem Glockentürmchen gezierte alte Rathaus, ein Renaissancebau aus dem 17. Jahrhundert. Die dreischiffige Basilika der evangelischen Pfarrei wurde 1259 als Kirche eines Augustiner-Eremiten-Klosters durch Walter I. von Gerdoldseck gegründet. Der Sohn des Gründers war Dompropst und später Bischof von Basel; von ihm ist wohl die Anregung ausgegangen, an dieser Stelle gotische Bauformen zu verwenden. Die Kirche zählt zu den ersten gotischen Bauwerken Badens. Weitere Infos über Lahr auf Seite 4.

Nur wenige Kilometer westwärts liegt die Gemeinde **Meißenheim**. Auf dem Friedhof dieser Rheingemeinde fand Friederike Brion von Sesenheim, Goethes Jugendliebe, ihre letzte Ruhestätte. Bei einem Besuch in Meißenheim sollte man es nicht versäumen, die reizvolle Barockkirche, die vom Straßburger Baumeister Joseph Michael Schnöller in den Jahren 1763 bis 1766 erbaut wurde, zu besichtigen.

Goethes Muse

In Sessenheim hat sich eine der bekanntesten Liebesperioden der Literaturgeschichte zugetragen: Als Johann Wolfgang von Goethe in Straßburg studierte, lernte er auf einem seiner Streifzüge Friederike Elisabeth Brion kennen und lieben. Seine Gedichte aus dieser Zeit haben später als Sessenheimer Lieder Eingang in die Weltliteratur gefunden. In Meißenheim hat Friederike ihre letzte Ruhestätte gefunden.

Die Tracht vom Schuttertal

Als lohnendes Ausflugsziel östlich von Lahr ist das Schuttertal zu erwähnen. An den Hängen des Tales stehen große Schwarzwaldhöfe mit tiefgezogenen Walmdächern. In manchen Orten dieses Tales tragen die Frauen beim sonntäglichen Kirchgang noch die schmucken Schuttertäler Trachten mit den glänzenden Goldhauben. Im Luftkurort Seelbach befindet sich ein Bau aus der spätstaufischen Zeit: das kleine Schloss Dautenstein. Im Litschental bei Seelbach kann eine Hammerschmiede besichtigt werden, die Ende des 13. Jahrhunderts als Waffenschmiede der Herren von Geroldseck entstand.

Südwärts von Lahr erreicht man entlang der Badischen Weinstraße den Weinort **Kippenheim**. Hier predigte bereits 1148 der einflussreiche Zisterziensermönch Bernhard von Clairveaux und rief zum zweiten Kreuzweg auf. Die Klangarkaden der um 1500 erbauten Chorturmkirche von Kippenheim wurden bei einer umfangreichen Renovation im Jahre 1963 freigelegt. Bei diesen Arbeiten konnten auch die Altarbilder eines Schongauergehilfen, der mit J. S. Sch. signierte, restauriert werden.

Im Jahre 1218 hat in **Mahlberg**, einige Kilometer südlich von Kippenheim, der junge Stauferkönig Friedrich II. den Adel versammelt, um sein Erbe im Reich zu sichern. Das Städtchen liegt idyllisch zwischen Schwarzwald und Rheinebene und besitzt viele Sehenswürdigkeiten: das weithin sichtbare Mahlberger Schloss und die alte Burg als Wahrzeichen der oberen Ortenau, die Katharinenkapelle bzw. die evangelische Kirche mit ihrem einmaligen oktogonen Grundriss, der Lutter- und Radbrunnen sowie das große Tabakmuseum sind nur einige Stationen bewegter Vergangenheit. Auch der Weinort Schmieheim, westlich von Mahlberg, besitzt ein stattliches Schloss. Der rechteckige Giebelbau aus dem 17. Jahrhundert mit zwei schräg gestellten Ecktürmen wurde 1960 erneuert und innen völlig umgebaut. In dem Gebäude befindet sich heute das Rathaus der Gemeinde.

Dachlandschaft von Ettenheim

In der mittelalterlichen Stadt **Ettenheim** fand Fürstbischof Kardinal René Édouard de Rohan-Guéméné im Jahre 1791 als Gegner der Französischen Revolution Zuflucht. Das einstige fürstliche Domizil des Kardinals ist nunmehr Sitz der Stadtverwaltung. In der Stadtkirche, die im 18. Jahrhundert von Franz Salzmann und Franz Ignaz Kramer erbaut wurde, erhielt de Rohan-Guéméné seine letzte Ruhestätte. Das Rathaus oberhalb des Marktplatzes, das 1757 erbaut und im 19. Jahrhundert erweitert wurde, diente früher als Hanf-, Garn- und Butterhalle. Bei einem Bummel durch die Stadt entdeckt der Besucher so manches sehenswerte Gebäude sowie wunderschöne Gartenanlagen, Torbogen und Brunnen. Ein Bischof von Basel aus dem Geschlecht der Ettichonen hat Ettenheim um 700 gegründet. Am nahe gelegenen Aussichtsturm Heuberg kann man im Herbst im Rebsortengarten bei einer Schnupperweinlese die Arbeit der Winzer selber kennenlernen.

Silbermann-Orgel von Sankt Landelin

Die einstige Benediktinerabtei **Ettenheimmünster**, bereits 754 urkundlich erwähnt, wurde nach der Säkularisation abgetragen. Die 1687 erbaute Pfarrkirche hat 1765 der Baumeister Franz Joseph Salzmann völlig umgebaut. Von besonderem Reiz ist die kleine Kapelle, die über der Landolinquelle errichtet wurde. Der Sage nach soll an jener Stelle, an der die Quelle entspringt, der heilige Landolin, der Glaubensbote aus Irland, ermordet worden sein. Eine Besonderheit in dieser Kirche ist die Silbermann-Orgel.

Weingut Weber · Ettenheim

Anzeige

Lebendige und zeitgemäße Weinkultur

Man fährt die Straße am Walnussgarten hinauf und sieht dabei mit jedem Meter ein Stückchen mehr vom Weingut: viel Glas, gerade Linien, klare Konturen, einladende Durchlässigkeit in der Architektur, faszinierende Ein- und Ausblicke in die verschiedenen Produktionsbereiche im Weinkeller sowie in die abwechslungsreiche Landschaft ringsum.

Erleben Sie bei uns eine andere Art und Weise Wein zu genießen. In einem der modernsten Weingüter in Baden finden Sie außergewöhnliche und eigenständige Weine, die Spaß machen.

Unsere Weinreben wachsen auf kalkhaltigem Lößboden des Ettenheimer Kaiserbergs.

Hauptsächlich verarbeiten wir die Rebsorten: Weißburgunder, Grauburgunder und Spätburgunder, dazu kommt Müller-Thurgau, Riesling und Scheurebe.

WEBER
Weingut

UNSER EXKLUSIVES ANGEBOT

Unser exklusives Angebot:

5+1

Beim Kauf von 5 Flaschen der gleichen Sorte schenken wir Ihnen die 6. Flasche dazu.

Genussbotschafter Baden-Württemberg

WEINGUT WEBER

Im Offental 1
77955 Ettenheim
Telefon: 07822 894848
info@weingut-weber.de
www.weingut-weber.de

Öffnungszeiten:

Mo-Fr	10.00-18.00 Uhr
Sa	10.00-14.00 Uhr
So	geschlossen

Schwabentor Kenzingen

Von Ettenheim führt die Badische Weinstraße über Ringsheim nach **Herbolzheim**. Vom Turm am Kahlenberg oberhalb von Ringsheim bietet sich eine gute Aussicht auf die Weinorte Broggingen, Bleichheim und Herbolzheim. Die Stuckarbeiten in der Pfarrkirche von Herbolzheim sind ein Werk von Hans Georg Gigl. Die Deckenmalerei im Chor und im Langhaus sowie das Altarbild stammen von dem Freiburger Maler Johann Pfunner. In der über 200 Jahre alten Wallfahrtskirche „Maria Sand" befindet sich eine Muttergottesstatue vom Ende des 15. Jahrhunderts. Viele alte Bürgerhäuser der Gemeinde stehen unter Denkmalschutz. Der Bleichebach, der von Osten aus dem Muckental kommt, bildete früher die Grenze zwischen Ortenau und Breisgau. Über die **Muckentaldörfer** Tutschfelden, Broggingen, Bleichheim und Nordweil führt die Badische Weinstraße in die alte Breisgaugemeinde Kenzingen.

Zu Beginn des 13. Jahrhunderts wurde **Kenzingen** von Rudolf von Uesenberg gegründet. Die Anlage der Stadt zeigt eine Ähnlichkeit zu den beiden Zähringerstädten Freiburg und Villingen. Die Pfarrkirche St. Laurentius entstand etwa Ende des 13. Jahrhunderts. Eine Immaculata an der Westfassade aus dem Jahre 1730 wird dem Breisgauer Bildhauer Christian Wentzinger zugeschrieben. In der fast unveränderten Krypta sind Reste alter Fresken, die um 1300 entstanden. Die zwei alten Kirchtürme wurden im Jahre 1905 um 15 Meter erhöht. Kenzingen hat wohl eine der besterhaltenen mittelalterlichen Stadtanlagen im Breisgau mit vielen Bauten aus Spätgotik und Renaissance. In Kenzingen startet der schöne, gut 30 km lange Vier-Burgen-Wanderweg, der die Burgruinen Lichteneck bei Hecklingen und Landeck bei Landeck mit der Hochburg bei Emmendingen und der Kastelburg bei Waldkirch verbindet.

Wenige Kilometer südlich von Kenzingen erreicht auch die Badische Weinstraße **Hecklingen** mit der Ruine Lichteneck. Die bereits 1316 genannte Burg wurde 1675 von den Franzosen zerstört. Am Fuße der Burgruine steht das 1776 im Louis-Seize-Stil erbaute Schloss des Grafen Heinnig.

Breisgauer Weinfest in Emmendingen

Emmendingen – Kulturgenuss und Lebensart

Am Fuße des Schwarzwaldes mit offenem Blick in die weite Rheinebene liegt die Markgrafenstadt Emmendingen. Das milde Klima begünstigt hier Obst- und Weinanbau. So schwärmte schon Johann Wolfgang von Goethe beim Besuch seiner hier lebenden Schwester Cornelia: „Ich bin hier sehr an der Luft, Schlafen, Essen, Trinken, Baden, Reiten, Fahren, war so ein Tag hier der selige Inhalt meines Lebens". Bei einem Bummel durch die Altstadt mit ihren Fachwerkhäusern, kleinen Läden und einladenden Cafés können auch heutige Besucher „selig" entspannen. Wer tiefer in die Emmendinger Geschichte einsteigen möchte, wird im Stadt- und Fotomuseum sowie im Jüdischen Museum fündig. Ausstellungsstücke ganz persönlicher Art zeigt das Museum im Deutschen Tagebucharchiv. Die Freunde moderner Kunst zieht es in die Galerie im Tor.

Ein besonderer Höhepunkt in der Emmendinger Festkultur ist das Breisgauer Weinfest am dritten Augustwochenende. Die Innenstadt verwandelt sich vier Tage lang in ein Weindorf, wo ca. 200 verschiedene Weine und Sekte angeboten werden und ein abwechslungsreiches Bühnenprogramm die Besucher unterhält.

Stadt Emmendingen
im Breisgau

Unser besonderes Weinerlebnis:

Gewandete Stadtführung mit 3er-Weinprobe der Winzergenossenschaft Mundingen

Ein weinseliger Rundgang durch die Emmendinger Altstadt auf den Spuren von Johann Wolfgang von Goethe mit der Magd von Goethes Schwester Cornelia Schlosser.

Information und Anmeldung in der Tourist-Info

TOURIST-INFORMATION EMMENDINGEN
Im Bahnhofsgebäude, Bahnhofstraße 8
Telefon: 07641 19433
E-Mail: touristinfo@emmendingen.de
www.emmendingen.de

In **Malterdingen** haben Winzer schon im Jahre 1287 Rotweinreben angebaut. Vielerorts wurde im Mittelalter der Rotwein deshalb auch als „Malterdinger" bezeichnet. Die spätgotische Pfarrkirche von Malterdingen entstand im 14. Jahrhundert.

In Malterdingen teilt sich die Badische Weinstraße. In Richtung Südwesten führt sie in die wärmste Weinbauregion, den Kaiserstuhl (siehe Seite 68), nach Südosten bleibt sie im Breisgau und führt über **Köndringen** und **Mundingen** nach Emmendingen sowie ins Glottertal zu den höchst gelegenen Rebanlagen Deutschlands.

Der Weinbau der beiden Gemeinden Köndringen und Mundingen am Fuße der Burgruine Landeck lässt sich bis in die Anfangsjahre des 9. Jahrhunderts zurückverfolgen. Die von dichtem Efeu umrankte Ruine Landeck gilt als kunsthistorisch bedeutsamste Ruine des Breisgaus. Die Burg wurde Mitte des 13. Jahrhunderts von Walther von Geroldseck zum Schutz der Besitzungen des Klosters Schuttern erbaut und während der Bauernkriege zu Beginn des 16. Jahrhunderts zerstört. Die untere Burg zeigt im Palas, im Hauptgebäude, einfache spätromanische und frühgotische Doppelfenster, durch die der Blick weit in die Rheinebene reicht.

Die Stadt **Emmendingen** wird 1091 erstmals urkundlich erwähnt. Die letzten Rebstücke des Stadtgebiets sind nach dem Ersten Weltkrieg abgetragen worden. Seit 1929 gehört die Hochburg zur Stadt Emmendingen, wodurch wieder Weinberge zur Gemarkung kamen. Mit der Eingemeindung von Mundingen, ein Ort deren Bürger bereits zu Beginn des 12. Jahrhunderts Wein anbauten, ist Emmendingen wieder vollends zur echten Weinbaugemeinde geworden. Als Wahrzeichen der Stadt gilt das alte Tor im Stadtkern. Sehenswert sind auch der vom Nördlinger Maler Friedrich Herlin um 1472 geschaffene Flügelaltar in der katholischen Pfarrkirche St. Bonifaz und der spätgotische Chor der evangelischen Stadtkirche. In der alten Landvogtei von Emmendingen lebte Goethes Schwester Cornelia als Ehefrau des markgräflich-badischen Landschreibers und Oberamtmanns Johann Georg Schlosser. Im Heimatmuseum im spätgotischen Markgrafenschloss sind Erinnerungsstücke an sie ausgestellt. Sie fand auf dem alten Friedhof, im sogenannten Honoratiorenwinkel, ihre letzte Ruhestätte.

Die mittelalterliche Ruine Hochburg ist eine der größten Burganlagen in Baden

Der Eichbergturm ist der höchste Aussichtsturm Deutschlands und bietet einen großartigen Rundblick über Freiamt, den Rohrhardsberg, den Kandel, den gesamten Schwarzwaldkamm bis zum Isteiner Klotz, den Schweizer Jura, die Vogesen und den Kaiserstuhl.

Auf verschiedenen Wanderwegen kann die etwa vier Kilometer entfernt gelegene Hochburg erreicht werden. Die Hochburg, die auf einem 346 Meter hohen Berg steht, wurde im 11. Jahrhundert erbaut und zur Mitte des 15. Jahrhunderts vom Markgrafen Karl I. erweitert. 1689 wurden sämtliche Bauten und Befestigungen dieser Burg gesprengt. In der Hochburg befindet sich eine archäologisch-geschichtliche Ausstellung. Im ehemaligen Wein- und Vorratskeller der Oberburg werden Fundstücke, Illustrationen, Modelle und Nachbildungen zum Leben auf der Burg und ihrer baugeschichtlichen Entwicklung gezeigt.

Ein Ausflug auf den Eichberg zu dem mit 42 Metern höchsten Aussichtsturm Deutschlands ist ebenfalls lohnend – im Jahr 2015 waren insgesamt über 27 000 Besucher auf der Aussichtsplattform.

Wandern spezial

Der Breisgauer Weinweg von Diersburg nach Freiburg ist ca. 99 km lang und kann über sechs Etappen erwandert werden. Weinkenner genießen neben der wundervollen Aussicht auf Weinberge, Vogesen und Schwarzwald auch die tollen Weine. In den Dörfern finden sich gemütliche Gasthäuser und Einkehrmöglichkeiten, die zum Verweilen einladen.

Archiv der Erinnerungen

Das Deutsche Tagebucharchiv, mit Sitz im Alten Rathaus von Emmendingen, ist eine bundesweit einmalige Einrichtung. Seit 1998 werden hier private Lebenszeugnisse fachgerecht aufbewahrt. Dabei handelt es sich nicht um Texte herausragender Persönlichkeiten, sondern um Zeitzeugnisse von Bürgerinnen und Bürgern. 17 000 Tagebücher, Erinnerungen und Briefwechsel von 3 700 Autoren bilden den Bestand. Und fast täglich kommen weitere hinzu.

© DTA

Rathaus Emmendingen

Sämtliche Dokumente werden gelesen, inhaltlich erschlossen und für Wissenschaftler, Studenten und Journalisten zugänglich gemacht. Der Erfolg des DTA beruht in erster Linie auf der Leistung von 90 Freiwilligen. Sie bringen ihre Berufs- und Lebenserfahrung ein – und das ganze Team verbindet die Faszination für Tagebücher.

Großzügige Förderung erfährt das DTA von der Stadt Emmendingen und von weiteren Freunden und Sponsoren. Bei Veranstaltungen, wie der jährlichen ZEITREISE, werden zu wechselnden Themen Auszüge aus den Tagebüchern vorgelesen.

Das Museum im Deutschen Tagebucharchiv ist dienstags bis donnerstags von 14 bis 16 Uhr geöffnet.

Führungen für Gruppen im Tagebucharchiv und Recherchen sind werktags nach Absprache möglich.

DEUTSCHES TAGEBUCHARCHIV
Marktplatz 1
79312 Emmendingen
Tel.: 07641 / 57 46 59
www.tagebucharchiv.de

Schauplatz der ZDF-Fernsehserie „Die Schwarzwaldklinik" war der Carlsbau im Glottertal. Heute ist hier die Thure von Uexküll-Klinik untergebracht

In einem idyllischen Talgrund, vier Kilometer nördlich von Emmendingen, entdecken die Ausflügler zwischen Wald und Wiesen die kleine Kapelle der ehemaligen Zisterzienserabtei **Tennenbach**. Während der Befreiungskriege 1813 war in den Klostergebäuden ein Lazarett untergebracht. Die Kirche des 1161 gegründeten Klosters wurde 1829 völlig abgetragen und in Freiburg wieder aufgebaut. Sie erhielt den Namen Ludwigskirche. Nur die kleine frühgotische Krankenkapelle von Tennenbach, etwas abgesetzt vom ehemaligen Klosterkomplex, ist erhalten geblieben. In der Nähe der Kapelle fanden um 1500 österreichische und bayerische Soldaten ihre letzte Ruhestätte.

Weinkenner, Kunstfreunde und Naturliebhaber sollten es nicht versäumen, auf dem Wege von Emmendingen nach Freiburg einen Abstecher über **Denzlingen** nach Osten ins **Glottertal** zu unternehmen. Das Tal wird im Norden von dem 1243 Meter hohen Kandelmassiv und im Süden vom 860 Meter hohen Flaunser und dem fast ebenso hohen Brombeerkopf eingefasst. Im unteren Teil des Glottertals gedeiht ein außergewöhnlicher Wein, den die Kenner des edlen Rebensaftes als feurig bezeichnen. Vor allem werden Spätburgunder- und Ruländerreben angebaut. Besonders beliebt ist der Glottertäler Weißherbst. In den vielen stilvollen und gemütlichen Gaststätten vom Glottertal kann man diese vorzüglichen Weine kosten. Aber auch für seine kulinarischen Glanzlichter ist die Glottertäler Gastronomie berühmt. Auf den beliebten Rebhisli-Touren im Frühjahr lässt sich die Gegend auch herrlich erwandern, wenn an verschiedenen Rebhütten lagentypische Weine, alkoholfreie Getränke und leckeres Vesper angeboten werden.

Die Zwiebeltürme von St. Peter

Unter den sechs höchsten Gipfeln des Schwarzwaldes gehört der Kandel durch sein unvermitteltes Emporragen aus der Ebene zu den imposantesten Bergen. Bei günstiger Witterung bietet sich vom Gipfel eine Fernsicht bis hin zu den Alpen und zur Schwäbischen Alb. Am Ende des Glottertals liegen die beiden Höhenluftkurorte **St. Peter** und **St. Märgen**, von wo sich herrliche Ausblicke auf die Höhenzüge von Feldberg und Schauinsland bieten. Berühmt ist die von Peter Thumb entworfene, 1724 bis 1727 erbaute ehemalige Benediktinerabtei St. Peter mit den zwei Zwiebeltürmen. Die Abtei wurde 1033 gegründet und 1806 aufgehoben. Ebenso sehenswert ist die zweitürmige Barockkirche von St. Märgen.

Wein spezial – Breisgau

Mit einer Hangneigung bis zu 70° sind die Glottertäler Rebhänge mit die steilsten und höchstgelegenen Weinberge Deutschlands. Das bedingt nicht nur eine optimale Sonneneinstrahlung und Wärmespeicherung. Es hat auch zur Folge, dass nur wenige Maschinen zur Bearbeitung der Anbauflächen genutzt werden können. Hier ist echte Handarbeit gefragt! Für das gesamte Breisgau gilt der hohe Anspruch an die Qualität der hier erzeugten Weine, dem die Winzer mit Fleiß und Expertise mit jedem Jahrgang aufs Neue gerecht werden. Gemeinsam mit den reichlich bemessenen Niederschlägen, der Sonne und der angenehmen Wärme sind dies die idealen Bedingungen für eine große Auswahl an Rebsorten. Besonders stark vertreten ist die Burgunderfamilie von Weiß- über Grau- bis Spätburgunder. Für Kenner leicht nachvollziehbar, denn die Vorbergzone mit ihren Hang- und Terrassenlagen ist mit mächtigen Lössschichten überzogen, deren geologischer Unterbau Formationen des Muschelkalks und des Buntsandsteins sowie tertiärer Mergel bilden. Letzterer tritt auch hier und da als bodenbildendes Gestein zutage. Im Glottertal findet man dazu noch Gneisvorkommen. Diese Böden statten die hier ausgebauten Weine mit viel Kraft aus und kennzeichnen sie durch explosive Aromen.

Wein-Events im Breisgau

April	Herbolzheimer Weinpräsentation
	Ettenheimer Weinmesse
Juni	Rebblütenwanderung
Juli	Freiburger Weinfest
August	Breisgauer Weinfest
	Ettenheimer Weinparty der Jungwinzer
	Sommer, Sonne, Junger Wein in Ettenheim
September	Gundelfinger Weinzauber
	Kaiserbergweintage im Europa-Park
Oktober	Kaiserberg-Weinfest

Breisgauer Wein GmbH

Weinland Breisgau

Breisgauer Wein GmbH
Postfach 1420, 79312 Emmendingen
info@weinlandbreisgau.de

www.weinlandbreisgau.de

Kaiserstuhl und Tuniberg

Fruchtbares Vulkangebirge und mildes Klima

zwischen Freiburg und Rheintal

Von der Gemeinde **Riegel**, wo – am Rande der Freiburger Bucht – Dreisam, Elz und Glotter zusammenfließen, zieht sich von Norden her die Badische Weinstraße durch den Kaiserstuhl, die wohl bekannteste Weinbauregion Badens. Geologisch betrachtet ist der Kaiserstuhl vulkanischen Ursprungs. Drei Ausbruchsphasen haben seine Landschaft geprägt und machten das Gebirge zum interessanten Studienobjekt für Geologen und Mineralogen. Wenn die Sonne die gewaltigen Weinterrassen des Kaiserstuhls erwärmt, so speichert das Vulkangestein die Wärme, was wiederum intensiv die Traubenqualität steigert. Die Auswirkungen der besonderen klimatischen Verhältnisse des Kaiserstuhls lassen sich auch an der einzigartigen Fauna und Flora ablesen. Der Tierfreund findet hier seltene Insekten, Schmetterlinge und Vögel. Schon in frühen Märztagen erblühen am Kaiserstuhl das Veilchen und die zarte lilafarbene Küchenschelle. An stillen, unberührten Stellen finden sich verschiedene Arten von Orchideen: Die blaue Moschus-Hyazinthe, die Türkenbundlilie und die große Anemone gehören zu den geschützten Pflanzen. Ein reizvolles Bild bietet sich dem Besucher vor allem im Frühjahr, wenn sich der Kaiserstuhl in die weiße Pracht der Kirschenblüte hüllt.

Kirschblüte am Kaiserstuhl

Riegel am Leopoldskanal

In dieser begünstigten Landschaft liegen 21 Gemeinden, die durch die Badische Weinstraße verbunden werden. Riegel galt schon zur Zeit der Römerbesiedlung als Handelsplatz für Töpferwaren. Eine beachtliche Sammlung von Münzen, Töpfereien, Steinpfeilen und Pfeilspitzen im Rathaus von Riegel gibt Zeugnis von römischer Kultur. Die barocke Pfarrkirche entstand in der Mitte des 18. Jahrhunderts. Nach der Zerstörung im Zweiten Weltkrieg wurde sie stilgerecht wieder aufgebaut. Erhalten aus der alten Kirche blieb die überlebensgroße Madonna eines unbekannten Künstlers und an der Fassade eine Immaculata des Schwarzwälder Bildhauers Joseph Hörr. Vom 343 Meter hohen Michaelsberg bietet sich eine schöne Rundsicht. Hier oben soll einmal ein römisches Kastell, dann im Mittelalter ein Schloss gestanden haben. Im 17. Jahrhundert wurde an der Stelle des Schlosses eine dem heiligen Michael geweihte Kapelle erbaut. In dieser kleinen Kirche befindet sich eine Madonnenstatue aus dem Jahre 1465.

Der Rebenbummler

Sehr unterhaltsam ist eine Fahrt mit der Museumseisenbahn „Rebenbummler", die von Riegel nach Breisach quer durch den Kaiserstuhl führt. Die Fahrten stehen immer unter besonderen Themen – für den Weinliebhaber bietet sich zum Beispiel die Fahrt als „Rollende Weinprobe" an.

Die Gemeinde **Endingen**, von der man sagt, sie hätte den Charme eines vorderösterreichischen Landstädtchens, wurde bereits im 9. Jahrhundert erwähnt. Im Jahre 1290 wurden Endingen die Stadtrechte verliehen. Von den alten Stadtbefestigungen blieb nur noch das hübsche Königschaffhauser Tor (Foto links) mit dem laternengekrönten Pyramidendach erhalten. Es soll bereits im 13. Jahrhundert erbaut worden sein. 1581 wurde es erneuert. Geradezu malerischen Reiz besitzt der historische Marktplatz, beherrscht von dem hohen Staffelgiebel des 1617 erbauten Kornhaus. Zu den vielen beachtenswerten Bauten am Marktplatz gehört das alte Rathaus aus dem Jahre 1527 mit seiner Renaissancefassade und dem barocken Portal. Die barocke Pfarrkirche St. Peter aus dem 18. Jahrhundert schmückt ein Deckengemälde von Johann Pfunner. Im südlichen Giebel des Querschiffs steht eine steinerne Muttergottesstatue aus dem Jahre 1840, und über dem Hauptportal des 47 Meter hohen Turms thront eine gotische Figur des heiligen Petrus. In der Glockenstube hängen fünf Glocken, von denen eine bereits um 1230 gegossen wurde. Sie zählt zu den ältesten Glocken Badens. Die Kirche St. Martin, auch obere Kirche genannt, wurde bis auf den Turm und den Chor im Jahre 1846 vollendet. Im Chor der Kirche steht ein schmuckes Sakramentshäuschen aus dem Jahre 1471. In der Nähe der ehemals vorderösterreichischen Stadt steht auf einem fast 500 Meter hohen Berg die 1860 erbaute St.-Katharinen-Kapelle; sie gilt als eine der schönsten am nördlichen Kaiserstuhl.

Amoltern, eine ehemalige keltische Siedlung, ist weit bekannt für die über tausend Kirschbäume, die dort auf der Gemarkung stehen und im Frühjahr erblühen. In der Winzergemeinde **Kiechlinsbergen** soll das älteste noch erhaltene Haus des Kaiserstuhls stehen, es wurde 1544 erbaut. Der Besucher ist überrascht von den vielen historischen Baudenkmälern in diesem Dorf.

Bis zur Regulierung des Rheins in den Jahren 1817 bis 1874 durch Johann Gottfried Tulla hatte **Sasbach** seine Tradition als Fischerdorf bewahrt. Inzwischen aber erwarb sich die Gemeinde einen guten Namen als Weinort; einen besonderen Rang nimmt hier der Spätburgunder Rotwein ein. Sasbachs Kirche aus dem Jahre 1741 mit ihrem noch aus romanischer Zeit stammenden Glockenturm hat einen beachtenswerten Hochaltar und Seitenaltäre noch aus der ersten Bauzeit. Einer Sage zufolge soll in der nordwestlich von Sasbach gelegenen Burg Limberg Rudolf I. von Habsburg geboren worden sein. Auf dem Felsenvorsprung des Limbergs hatten schon die Römer ein Kastell. Die später von den Zähringern erbaute Burg Limberg wurde wie die in der Nähe auf einem Bergkegel stehende Burg Sponeck im Dreißig-

jährigen Krieg zerstört. Die Sponeck, um 1300 erbaut, liegt am Abhang des Humberges, knappe 25 Meter über dem Altrhein. Die Turmruine wurde 1930 von einem Maler als Atelier eingerichtet. **Leiselheim**, ein Ortsteil von Sasbach, ist bekannt durch eine Reblage mit dem Namen „Leiselheimer Gestühl“: Es wird erzählt, dass ein von König Otto I. im Jahre 994 einberufenes Fürstengericht mit Gestühl bezeichnet wurde. Hieraus entstand wohl der Name Kaiserstuhl. Die Winzergemeinde **Jechtingen** geht auf eine römische Besiedlung zurück, was dort gefundene Bruchstücke porzellanartiger Gefäße bezeugen. Sehenswert in Jechtingen ist die Pfarrkirche St. Cosmas und Damian mit einem spätromanischen Turmunterbau und einem Holzrelief der heiligen Margarete auf dem neugotischen Altar. Zur Erinnerung an den Dichter Emil Gött, einem Sohn der Gemeinde, steht vor dessen Geburtshaus ein Gedenkbrunnen.

Anläßlich der 850 Jahrfeier der Gemeinde Leiselheim wurde der „Kaiserstuhl“ als weithin sichtbares Symbol im Leiselheimer Gestühl aufgestellt.

Die 5760 Einwohner zählende Stadt **Vogtsburg** ist im Zuge der Gemeindereform im Jahre 1975 aus den einst selbstständigen Winzergemeinden Achkarren, Bickensohl, Bischoffingen, Oberbergen, Oberrotweil, Schelingen und Burkheim entstanden. Der Sitz der Verwaltung ist in Oberrotweil. Auf der Gemarkung dieser Gemeinde befinden sich mehrere Wein-, Natur- und Waldlehrpfade. Mit einer Rebanbaufläche von rund 1450 Hektar ist sie nunmehr die größte Weinbaugemeinde Baden-Württembergs.

Wein und Architektur: Das Weingut Abril in Vogtsburg

Eine der ältesten Gemeinden am Kaiserstuhl ist **Bischoffingen**. Seinen Namen erhielt der Ort vor über tausend Jahren, als das Dorf dem Bischof von Basel geschenkt wurde. Im gotischen Chor der evangelischen Pfarrkirche befindet sich ein größerer Zyklus von Wandmalereien aus dem 14. Jahrhundert und ein beachtenswertes spätgotisches Kruzifix.

Burkheimer Winzer am Kaiserstuhl eG

Tradition und Passion – eine Einladung zum Genießen!

Tradition, Innovation sowie Respekt und Liebe zur Natur stehen im Mittelpunkt des Tuns der Burkheimer Winzer am Kaiserstuhl. Seit dem Jahre 778 wird der Weinbau in unserem Winzerstädtchen bestätigt. Das romantische, ja verträumte Weinstädtchen Burkheim liegt am Westrand des Kaiserstuhls in unmittelbarer Nähe zum Rhein mit herrlichen Ausblicken in das benachbarte Elsass und zum Schwarzwald. Es ist ein wahres Paradies für Wanderfreunde und Radler und verzaubert durch sein einzigartiges, mittelalterliches Flair. Die Spitzenlagen Feuerberg, mit seinem mineralischen Vulkanverwitterungsgestein, und Schlossgarten, mit seinem tiefgründigen, fruchtbaren Lößboden, sind prädestiniert für herausragende Burgunderweine und zählen zu den wärmsten Standorten in Deutschland. Der stets qualitätsorientierte und umweltschonende Weinbau wird seit Jahrzenten mit Leidenschaft und Begeisterung von den ca. 35 Burkheimer Winzerfamilien praktiziert und gelebt. Dies ist in jedem Tropfen der Burkheimer Winzer eG schmeckbar.

Weinbau seit 778
Burkheimer Winzer
AM KAISERSTUHL EG

immer wieder Preisgekrönt bei

MONDIAL DES PINOTS SIERRE · SWITZERLAND

AWC VIENNA INTERNATIONAL WINE CHALLENGE

BUNDES WEIN PRÄMIERUNG
Die Elite des Deutschen Weines

MUNDUS vini
DER GROSSE INTERNATIONALE WEINPREIS

BURKHEIMER WINZER AM KAISERSTUHL eG

Winzerstraße 8
79235 Vogtsburg-Burkheim
Tel.: 07662 9393 33
www.burkheimerwinzer.de

Öffnungszeiten:

Mo-Fr	9.00-12.00 Uhr	(ganzjährig)
Mo-Fr	13.30-18.00 Uhr	(April - Okt.)
Mo-Fr	13.30-17.00 Uhr	(Nov. - März)
Sa	9.00-16.00 Uhr	(ganzjährig)
So	10.00-16.00 Uhr	(März - Dez.)

Wer sich über die Geschichte des Weinbaus am Kaiserstuhl informieren will, dem sei das Kaiserstühler Weinbaumuseum in **Achkarren** empfohlen. Es wird hier die Geologie dieser Region mit verschiedenen Bodenprofilen ebenso aufgezeigt wie die Entwicklung des Weinbaus und der Winzergenossenschaften. Daneben können auch einige Geräte zur Bodenbearbeitung und zur Schädlingsbekämpfung besichtigt werden. Mauerreste auf dem Achkarrener Schlossberg erinnern an einen Herrschersitz, der bereits im Jahre 1249 hier bestand.

Lösshohlweg bei Vogtsburg Bickensohl mit Felsen und schmalen Wegen

Die Weinberge von **Bickensohl** werden in einer Chronik schon im Jahre 1558 angeführt. 1461 gelangt Bickensohl an den Markgrafen Karl I. von Baden, 1556 wurden die Bürger der Gemeinde protestantisch, somit entstand eine Enklave in einem katholisch vorderösterreichischen Gebiet. Die 1496 erbaute Kirche wurde 1995 innen völlig renoviert. Beachtenswert ist die in den Rebbergen von Bickensohl erhaltene Eichgasse, sie gilt als die größte Lößhohlgasse des Landes.

Zu **Oberbergen** gehören neben den terrassenförmig angelegten Weinbergen noch ein 120 Hektar großes Naturschutzgebiet mit zoologischen, botanischen und geologischen Seltenheiten. Der größte Stadtteil von Vogtsburg ist Oberrotweil, hier finden sich gut markierte Wanderwege, die durch die Wein- und Obstanlagen führen. Schelingen ist der kleinste Ortsteil der Kaiserstühler Weinbaugemeinde Vogtsburg.

Die Kirche in Oberbergen

Auf mehreren Terrassen eines kegelförmigen Vorsprungs des Kaiserstühler Massivs über dem Rhein erhebt sich das alte Städtchen **Burkheim**. Schon 778 wurde in einer Schenkungsurkunde der Rebanbau in Burkheim erwähnt. Der kaiserliche Feldobrist Lazarus von Schwendi, ein Förderer des Weinbaus, ließ hier Ende des 16. Jahrhunderts ein Schloss errichten. Der dreigeschossige Bau mit seinen hohen Giebeln wurde 1670 zerstört. An dem Renaissancebau des Rathauses mit seinem reich verzierten Portal hängt neben dem österreichischen Wappen auch das der Herren von Schwendi. Die im 11. Jahrhundert

Skurrile Exponate sind im Korkenziehermuseum Burkheim zu sehen.

als „basilica san Petri“ erbaute Pfarrkirche wurde Mitte des 18. Jahrhunderts im barocken Stil umgebaut. Das Langhaus der Kirche zeigt an den Decken und Wänden bedeutende Wandmalereien, die um 1500 entstanden sind. Viele Bürgerhäuser aus dem 16. und 18. Jahrhundert, zum größten Teil noch inschriftlich datiert, wie auch Reste der Stadtmauer mit einem schönen Tor prägen das mittelalterliche Stadtbild. In Burkheim starb 1560 der Dichter Georg Wichram. Er war Protestant und musste seine Vaterstadt Colmar nach der Veröffentlichung des berühmt gewordenen „Rollwagenbüchleins“ aus religiösen Gründen verlassen. Freunde der Weinkultur seien auf das Korkenziehermuseum in Burkheim aufmerksam gemacht: Hier werden 450, teils recht skurrile Exemplare von Korkenziehern aus aller Welt ausgestellt.

Wohl das bedeutendste Kunstwerk am Kaiserstuhl birgt das bereits 1157 erstmals genannte St.-Michaels-Kirchlein in **Niederrotweil** mit seinem rechteckigen, zweigeschossigen Langhaus und einem halbrund geschlossenen Chor. Sein Hochaltar gilt als eines der letzten großen Schnitzwerke der Spätgotik. Es ist ein Werk des Meisters HL, der auch den Altar im Breisacher Münster geschaffen hat. Der Schnitzaltar soll eine Stiftung von Abt Johannes III. von St. Blasien (1519-1552) sein. Im Chor der Kirche befindet sich ein reich geschmücktes Sakramentshäuschen aus Keramik mit dem Wappen von Vorderösterreich und Lichteneck. Ebenfalls aus Keramik ist der spätgotische Baldachin in einer Wandnische im Seitenschiff. Wertvolle Wandmalereien aus der Mitte des 14. Jahrhunderts zeigen Christus und Evangeliensymbole, im Gewölbe den heiligen Michael und an den Wänden Apostel und Szenen aus dem neuen Testament.

Das am Osthang des Kaiserstuhls gelegene Dorf

Die Sage vom Bahlinger „Hoselips“

Der „Hoselips“ steht bei den Bahlingern in höchstem Ansehen – denn von seiner Anwesenheit im Keller hing es angeblich ab, ob der Wein geriet oder nicht. Heute ist der „Hoselips“ eine aus Holz geschnitzte und bemalte Figur, welche früher vermutlich zwischen den Querriegeln eins großen Fasses angebracht war. Die Figur dürfte ihrem Aussehen nach ein Alter von hundert Jahren oder darüber erreicht haben, das Fass, auf dem sie heute steht, trägt die Jahreszahl 1757.

Doch was hat es mit dem „Hoselips“ auf sich? Der Sage nach fand ein Mannheimer Weinhändler, der- im Bahlinger Ratauskeller Wein abfasste, an dem kleinen Figürchen Gefallen und erklärte, er zahle den geforderten Preis nur dann, wenn ihm der „Hoselips“ dreingegeben werde. Bürgermeister und Ratschreiber gaben den armen „Hoselips“ leichten Herzens dahin. Das aber rächte sich gar übel, denn Jahr um Jahr gab es in Bahlingen keinen ordentlichen Herbst mehr. Im ganzen Dorf wurde eifrig besprochen: der „Hoselips“ war fort, jetzt war es klar, warum es keinen Wein mehr gab. So wurde denn mit dem pfiffigen Weinhändler verhandelt, mit dem Erfolg, dass der schwer Vermisste wieder glücklich in seine Heimat zurückkehrte.

Bahlingen gehörte im Jahre 882 zu den Hochzeitsgaben Kaiser Lothars an seinen Sohn Karl. Die evangelische Kirche der Gemeinde hoch über dem Ort ist eine der ältesten Kirchen der Gegend. In der Kapellenstraße stehen einige alte Fachwerkhäuser, dazu gehört das Rathaus. Die offene Treppenanlage und die Steinhauertafel entstanden im 18. Jahrhundert. Eine 200 Jahre alte Bacchusfigur ziert das Innere des Rathauses.

Über **Eichstetten** gibt es viele altehrwürdige Bauernhöfe, beachtenswert die steinerne Fünfbogenbrücke am Dorfeingang. Erstmals erwähnt wurde das Dorf bereits im Jahre 700. Der Markgraf von Baden verlieh der Gemeinde 1418 das Marktrecht. Auch heute noch ist zweimal im Jahr Markt. In der 1864 renovierten Pfarrkirche findet man mehrere Grabsteine von markgräflich-badischen Würdenträgern. Im Dorfmuseum werden jährlich wechselnde geschichtliche volkskundliche Ausstellungen gezeigt. Im Abstand von zwei Jahren veranstalten die örtlichen Vereine das bereits zur Tradition gewordene „Schwiboge-Wifescht“. Eichstetten liegt am Fuße der 520 Meter hohen Eichspitze, auf

Die steinerne Fünfbogenbrücke am Dorfeingang von Eichstetten

die ein 5 km langer Fußweg führt. Oben angekommen kann man den über 40 Meter hohen Aussichtsturm besteigen und einen grandiosen Panoramablick auf die Weinlandschaft genießen.

Die Badische Weinstraße führt weiter nach **Bötzingen**.

In Bötzingen war einst Goethe bei seinem weinkundigen Freund Hofrat Enderlin zu Gast. Seine Wohnstätte war die Mühle. In dieser Kaiserstühler Winzergemeinde sollte der Besucher die Pfarrkirche mit ihrem mittelalterlichen Chor besichtigen. Im barocken Altar befindet sich eine spätgotische Madonnenstatue. Wertvolle Fresken und beachtenswerte Wandmalereien zieren die St.-Alban-Kapelle aus dem 15. Jahrhundert. Die 1935 gegründete Winzergenossenschaft Bötzingen dem verehrten Hofrat Enderlin einen Sekt gewidmet. Von diesem Ort aus sind die beiden höchsten Erhebungen des Kaiserstuhls, der Totenkopf (558 m) und der Neunlindenberg (556 m), leicht zu erreichen. Vom Aussichtsturm des Neunlindenbergs bietet sich eine eindrucksvolle Rundsicht über die Rebberge des Kaiserstuhls. Auf dem Totenkopf soll im Mittelalter ein kleines Kloster der Paulinermönche gestanden haben.

Der vor der katholischen Kirche stehende Brunnen stammt vermutlich aus dem 8. Jahrhundert und ist an der Kreuzung zwischen der Hauptstraße und Sieglestraße zu finden.

Nach einer Urkunde von Papst Gregor IX. gehörte **Wasenweiler** im Jahre 1236 zum Kloster St. Märgen. Später kam es nach häufigem Wechsel in den Besitz breisgauischer Rittergeschlechter. In der klassizistischen, vom Weinbrenner-Schüler Arnold erbauten Pfarrkirche von Wasenweiler befindet sich eine alte Statue des heiligen Urban, dem Schutzpatron der Winzer. Wasenweiler ist seit 1974 zu Ihringen eingemeindet.

Kein anderer Ort in Deutschland verzeichnet im Jahresdurchschnitt mehr Wärmegrade als **Ihringen**. Die Weine vom Winklerberg, vom Fohrenberg und vom Abtsweingarten sind Begriffe für jeden Genießer. Bereits zu Beginn des 19. Jahrhunderts führte hier der Wundarzt Dr. Ernst Georg Lydtin (1779-1835) den Anbau von Edelrebsorten ein. Auf Reisen durch Italien lernte der Arzt die Weinberge am Fuße des Vesuvs kennen und ließ den von ihm ersteigerten Fohrenberg mit Reben bepflanzen. Schon im Jahre 963 wird Ihringen als Weinbaugemeinde angeführt. Durch die Nähe zur Grenze nach Frankreich und der strategisch bedeutsamen Lage am Rhein wurde die Gemeinde im Verlauf der Jahrhunderte mehrfach in kriegerische Auseinandersetzungen verwickelt. Die vielen Exponate im Heimatmuseum vermitteln einen Einblick in die Geschichte des Dorfes und die des Weinbaus am Kaiserstuhl. Die Kaiserstühler Winzergenossenschaft Ihringen wurde 1924 gegründet. Mit einer jährlichen Einlagerung von 2,5 Millionen Litern ist sie die größte örtliche Winzergenossenschaft Südbadens. Die „Ihringer Weintage“, alljährlich am Wochenende nach Fronleichnam, sind ein besonderer Höhepunkt im Jahreslauf der Gemeinde.

Traditioneller Umzug zum Ihringer Herbstausklang

Einen Einblick in die Besonderheiten und Schönheit der Natur im Kaiserstuhl bietet das Naturzentrum Kaiserstuhl, das eine Vielzahl an Exkursionen, Gruppenführungen, Ausstellungen, Projekten und Bildvorträgen anbietet.
Von Achkarren aus führt die Badische Weinstraße zu der bedeutendsten Stadt am Kaiserstuhl, nach Breisach.

Schon von weitem sichtbar, erhebt sich auf dem Münsterberg, einem Felsen über dem Rhein, das eindrucksvolle Stephansmünster der Stadt **Breisach**. Romanischer und gotischer Baustil sind in dieser Kirche vereint. Das immer wieder bewunderte Kunstwerk des Münsters ist der Hochaltar des Meisters HL im gotischen Chor, ein Meisterwerk deutscher Schnitzkunst, entstanden in der ersten Hälfte des 16. Jahrhunderts. Nicht weniger bekannt sind die monumentalen Wandmalereien von Martin Schongauer an der Innenseite der Westhalle. Sie entstanden in den Jahren 1488 bis 1491. Zum Kirchenschatz gehören einige hervorragende Kunstwerke, vor allem der silberne Schrein der heiligen Gervasius und Protasius. Der Lettner aus hellem Sandstein, ein virtuos gestaltetes Prachtstück, stammt aus dem Jahre 1496. Zu den vielen eindrucksvollen Bauwerken im alten Stadtkern zählen einige imposante Torbauten. Vom Münsterberg bietet sich ein großartiger Blick auf die Altstadt, auf den Rhein, die Rebterrassen des Kaiserstuhls, zum Schwarzwald und zu den Vogesen.

Der Badische Winzerkeller

Breisach gilt als Zentrum des badischen Weines: Hier ist seit 1952 der Sitz des Badischen Winzerkellers eG., zu ihm gehören 38 vollanliefernde und 43 teilanliefernde badische Winzergenossenschaften sowie ein Weingut. Eine große Traubenpresse aus dem Jahre 1732 steht als Symbol der Verbundenheit mit der Tradition des Weinbaus vor dem Gebäude der großen Kellerei. Im Winzerkeller werden rund 500 bis 600 Weine nach Lagen, Sorten und Qualitätsstufen ausgebaut, vom gehobenen Qualitätswein bis zur Trockenbeerenauslese. Die Tanks des Winzerkellers können über 150 Millionen Liter Wein aufnehmen. Die 24 Großpressen sind in der Lage, während der Traubenernte in einer Nacht 4,5 Millionen Kilogramm Traubengut zu verarbeiten, und die vollautomatische Abfüllanlage bewältigt täglich bis zu 80 000 Flaschen. Der Badische Winzerkeller in Breisach ist der größte Holzfasskeller Deutschlands.

Weinhoheiten zu Besuch im Badischen Winzerkeller

Im alten Rheintor befindet sich das Museum für Stadtgeschichte

Die Stadt Breisach wurde im Jahre 1185 durch die Staufer gegründet, aber viel früher war der mons brisiacus besiedelt. Seiner strategisch bedeutenden Lage wegen war die befestigte Stadt oft umkämpft und wurde mehrfach zerstört. Die Stadt galt schon immer als ein Zentrum des Handels und vor allem der Kultur und der Kunst. Als erste Europastadt ist Breisach nach dem Zweiten Weltkrieg zu einem Zentrum der Begegnung geworden. Zur Sommerzeit werden auf der Naturbühne beim Schlossberg die Breisacher Festspiele veranstaltet, und zur Fastnachtszeit wird in Breisach traditionell der „Urnarr" ausgegraben. Breisach ist Ausgangspunkt des 114 Kilometer langen Rhein-Kaiserstuhl-Schwarzwald-Querweges. Aufschluss über die weit zurückreichende Geschichte der Stadt, von der Steinzeit bis zur Gegenwart, vermittelt das Museum für Stadtgeschichte im alten Rheintor.

Bei guter Fernsicht bietet der Tuniberg einen einzigartigen Ausblick

Im Südwesten des Kaiserstuhls erhebt sich der **Tuniberg**. Dem Unkundigen scheint es, als gehörten die Bergmassive zusammen, so eng liegen sie beieinander. Die Geologen vertreten jedoch eine andere Meinung: Im Gegensatz zum vulkanischen Kaiserstuhl ist der Tuniberg eine einfache Erhebung, die aus Schichten von Jurakalk und Tertiärmergeln aufgebaut und von einer 10 bis 15 Meter dicken Lössschicht bedeckt ist. Wie auf dem Kaiserstuhlboden gedeihen hier kräftige, von der Sonne verwöhnte Weine: der fruchtige Ruländer, der mildere Silvaner, der Traminer und der Gewürztraminer mit seinem einzigartigen Bukett, der Spätburgunder und der kräftige Weißherbst.

Die höchste Erhebung ist 314 Meter hoch. Zum weithin sichtbaren Wahrzeichen dieses zehn Kilometer langen Höhenzuges wurde die an der Südspitze gelegene Erentrudiskapelle auf dem Kapellenberg, die auf eine lange wechselvolle Geschichte zurückblickt. So trägt auch der bekannteste Wein vom Tuniberg den Namen „Erentrudis Spätburgunder Weißherbst“. Die kleine Kapelle war bis zum 19. Jahrhundert von Einsiedlern bewohnt. Von hier aus bietet sich ein wunderbarer Blick auf den Schwarzwald, vom Elztal bis nach Badenweiler, besonders reizvoll der Schönberg, der Hochfirst und der Schlossberg von Staufen.

Von **Gottenheim**, im Norden des Tunibergs, führt die Badische Weinstraße über Waltershofen nach Opfingen. Wenige Wochen vor dem Ende des Zweiten Weltkrieges wurde durch ein schwerer Bombenangriff ein Großteil der Gemeinde Gottenheim zerstört. Auch die im 19. Jahrhundert erbaute Pfarrkirche ging dabei in Flammen auf. Lediglich der Chorraum und die Altäre mit Bildern von Carl Georg Kaiser und Johannes Cahn blieben erhalten. Auch eine wertvolle spätgotische Muttergottesstatue, eine „Träubelemadonna“, und der Taufstein konnten gerettet werden. 1954 wurde das Kirchenschiff verlängert und ein neuer Glockenturm errichtet. In jahrzehntelanger Aufbauarbeit wurde das Gotteshaus 1978 wieder fertiggestellt. Der Breisacher Bildhauer Helmut Lutz schuf für die Kirche den Altartisch, den Tabernakel und die Steinkonsolen für die geretteten Statuen. Das an der Hauptstraße gelegene Gasthaus „Adler“ gilt als eines der markantesten Gebäude der Gemeinde. Der barocke Vierseitenhof wurde 1730 erbaut. Ursprünglich diente das Haus als Amtshof für die Herren von Wittensbach.

In einer Schenkungsurkunde des Klosters St. Ulrich aus dem Jahre 1139 wird erstmals das Dorf **Waltershofen** genannt. Archäologische Funde auf der Gemarkung geben Zeugnis, dass schon die Römer und die Alemannen hier Siedlungen hatten. Durch die Vergrößerung einer alten, der heiligen Margarete geweihten Kapelle erhielt Waltershofen im Jahre 1816 eine Pfarrkirche. Im Freiburger Münster wurden zu jener Zeit barocke Teile der Ausstattung entfernt, so konnten die Waltershofener von dort zwei Seitenaltäre, den Sebastian- und den Dreikönigsaltar, günstig erwerben. Erst 1830 bekam die Kirche einen Hauptaltar und 1892 dann schließlich eine Orgel. In der im Jahre 1963 eingerichteten Heimatstube im Gasthaus Adler werden die Wappen der verschiedenen Herren der Gemeinde aufbewahrt. Der spätromanische Torbogen im Obergeschoss des Hauses, früher Stubenkeller, deutet auf das hohe Alter des Gebäudes hin.

Spargel und Wein sind ein hervorragendes Gespann. Die badische Gastronomie ist bekannt für seine saisonalen Leckerbissen.

Während der Spargelzeit im Mai und Juni bieten die Gaststätten von **Opfingen** vorzügliche Spargelgerichte an. In der Gemeinde gedeiht nicht nur ein ausgezeichneter Wein, hier wird auch Spargel von höchster Qualität angebaut. Im Jahre 1006 wurde der Ort erstmals urkundlich angeführt, er hieß damals „Ophinga". Von weither sichtbar steht, wie eine Burg, auf einem Hügel, die Opfinger Pfarrkirche mit ihrem klotzigen Storchenturm. Eine Kirche gab es hier schon 1525, sie wurde aber im Laufe der Jahrhunderte baufällig und musste 1777 abgerissen werden. Der Unterbau der alten Kirche konnte in den Neubau mit einbezogen werden. Ein besonderes Kleinod in diesem Gotteshaus ist die von dem Durlacher Hoforgelbauer Markus Stein im Jahre 1781 geschaffene Orgel. Vom hoch gelegenen Kirchplatz bietet sich eine gute Sicht auf die Schwarzwaldberge.

Das Weiherschloss St. Nikolaus

An der Straße von Opfingen nach Waltershofen steht das älteste Wasserschloss des Breisgaus, das Weiherschloss St. Nikolaus. Der Kern des Gebäudes stammt aus dem 14. Jahrhundert, im Jahre 1721 wurde in dem Haus eine Badstube eingerichtet. Im 19. Jahrhundert kam es zu einer Erweiterung der Badanlage. Das Anwesen wurde 1754 versteigert und ist seither in Privatbesitz. Der Weiler ist besonders bekannt wegen des Sonderstempels der Post am Tag des heiligen Nikolaus.

Auch **Tiengen** mit seinen Staffelgiebelhäusern ist als Spargeldorf bekannt. Bereits im Jahre 888 wird Tiengen in einer Urkunde des Klos-

Das Reinachische Schlösschen

ters St. Gallen erstmals genannt. Etwa hundert Jahre später haben die Bewohner der kleinen Siedlung schon Wein angebaut. Von den vielen repräsentativen Häusern in Tiengen sei besonders das gegen Ende des 18. Jahrhundert erbaute palaisartige Pfarrhaus erwähnt.

Das Schloss des Grafen von Kageneck in **Munzingen** gilt als das älteste noch erhaltene Barockschloss dieser Gegend. Während der Belagerung von Freiburg Mitte des 18. Jahrhunderts hat König Ludwig XV. von Frankreich längere Zeit hier gewohnt. Der dreigeschossige Bau wurde 1672 vom vorderösterreichischen Statthalter Johann Friedrich Reichsfreiherr von Kageneck erbaut und 1745 dann im Stile des Rokoko umgestaltet. Ein besonderes Schmuckstück in diesem Haus ist die Schlosskapelle mit seinem 1760 geschaffenen Altar. An der Straße in Richtung Oberrimsingen liegt der ehemalige Gutshof, das „Reinachische Schlösschen“. Der älteste Teil des Hauses entstand zum Ende des 16. Jahrhunderts. Im Untergeschoss befindet sich ein großer Weinkeller. Heute dient das Gebäude, das den Namen „Schloss Reinach“ trägt, als Restaurant und Tagungszentrum.

Winzervesper in den Reben

Die Kirche in Munzingen, die dem heiligen Stephan geweiht ist, gilt als eine der ältesten im Breisgau. Erbaut wurde die Saalkirche im Jahre 1590. Im Verlauf der Jahrhunderte wurde sie mehrfach umgebaut und erweitert.

Zu einem viel besuchten Wanderziel in der Nähe Munzingens zählt das prächtige Flurbereinigungsdenkmal im Gewann Schellenberg, das 1979 der Waldkircher Bildhauer Hubert Bernard entwarf.

Kirschblüte am Kaiserstuhl

In **Merdingen**, an der Westseite des Tunibergs, steht die schönste Barockkirche Südbadens. Sie gehört zu den Werken des Deutschordenbaumeisters Johann Kaspar Bagnato. Über dem Portal befindet sich eine Immaculata des Breisgauer Bildhauers Christian Wentzinger; von Franz Joseph Feuchtmayer wurde der prachtvolle Altar der Kirche geschaffen, die Deckenfresken von Franz Josef Spiegler. Mit 244 Hektar hat die Gemeinde Merdingen die größte Rebanbaufläche unter den Tuniberggemeinden. Weinkenner schätzen besonders den Merdinger Spätburgunder Rotwein.

Mit dem Schlossbau in **Oberrimsingen** hat der Baumeister Franz Anton Bagnato 1773 den ersten Schritt vom Rokoko zum Klassizismus gewagt. Bauherr dieses frühklassizistischen Gebäudes war der Freiherr von Falkenstein. Das Wappen an dem zweigeschossigen Bau wird dem Schwarzwälder Bildhauer Joseph Hörr zugeschrieben. 1737 wurde die Pfarrkirche „Unserer lieben Frau“ erbaut, 1853 kam es zu einer Erweiterung des Baus. Seit 1953 ziert die Kirche eine sogenannte „Träubelesmadonna“, sie stammt aus der Vorgängerkirche. Vor dem Gebäude stehen ein Kruzifix des Barockbildhauers Johann Baptist Sellinger und eine Pieta von Sepp Jakob.

Zu den ältesten Bauwerken der Oberrheinlandschaft wird die Kirche St. Laurentius von **Niederrimsingen** gerechnet. Der Turm mit den Arkadengeschossen soll nach jüngsten Erkenntnissen bereits Mitte des 11. Jahrhunderts erbaut worden sein. Zum Ende des 15. Jahrhunderts entstand nach einem Dorfbrand der gotische Chor und das Langhaus. 1735 kam es zu einer Anpassung an den Barock, 1888 wurde der barocke Altar entfernt und dafür einer im neugotischen Stil aufgestellt.

Über den Tuniberg führen viele bequeme Wanderwege. Vom Tuniberg aus führt die Badische Weinstraße über Biengen in das Markgräflerland und durch den Kurort Bad Krozingen zur Stadt Staufen. Von Norden her verläuft ein weiterer Teil der Badischen Weinstraße von der Universitätsstadt Freiburg durch die nördliche Weinbauregion Markgräflerland ebenfalls nach Staufen.

Wein spezial – Kaiserstuhl und Tuniberg

Im Kaiserstuhl fühlt sich vor allem die Burgunderfamilie wohl. Aber auch Müller-Thurgau, Muskateller, Gewürztraminer und der Silvaner haben hier eine Heimat gefunden. Der vulkanische Gebirgsstock, bei dem sich zudem in urigen Vorzeiten Staub ablagerte und der eine fruchtbare Lössschicht entstehen ließ, liefert einen Teil der hier herrschenden idealen Voraussetzungen. Hier finden wir das wärmste Klima aller deutschen Weinregionen mit den meisten Sonnenstunden vor. Auf den Vulkanböden wurden schon Temperaturen nahe 70 °C gemessen. Durch ihre enorme Speicherkapazität ist so auch nachts und an kühleren Tagen ausreichend Wärme verfügbar, um die Trauben bis zur Perfektion reifen zu lassen. Auf Höhen von 190 bis 400 Metern wird über ein Viertel des Badischen Weins angebaut: von elegantschlanken und zugleich saftig-trinkfreudigen Kabinettweinen über kräftige Spätlesen bis hin zu explosiven Süßweinen.

Im direkt angrenzenden Tuniberg spielt Vulkanismus hingegen keine Rolle. Der Tuniberg ragt als Bergrücken auf einer Länge von 10 Kilometern aus der Rheinebene hervor, stammt aus der erdgeschichtlichen Zeit des Jura und wurde später von einem mächtigen Lössmantel umhüllt. Dieser bildet die nährreiche Grundlage für ausdrucksstarke, warmherzige Sortentypen: Elegante Weißweine aus Burgundersorten, aromatischer Müller-Thurgau und anregender Weißherbst gehören zu den Spezialitäten vom Tuniberg.

Wein-Events am Kaiserstuhl und Tuniberg

April/Mai Gipfeltreffen Kaiserstühler Jungweine am Neunlindenturm

Ende August Weinfest Kaiserstuhl + Tuniberg in Breisach

Internationaler Grauburgunderpreis: wechselnde Orte + Termine

Kaiserstuhl-Tuniberg-Tage: jeden 2. Sommer, wechselnde Orte

Offene Winzerkeller: Ostern bis Ende Oktober in mehreren Orten

Kulinarische Weinwanderungen: z.B. Vogtsburg-Oberrotweil, Juni

Führungen mit Kaiserstühler Gästeführern durch die Weinberge

Freiburg

Sympathische Großstadt, von der Sonne verwöhnt

Des „Schwarzwalds gute Stube“ oder „die Stadt mit den vielen Gesichtern“ wird Freiburg genannt. Mit mehr als 730 Hektar Rebanbaufläche kann sie sich rühmen, die größte Weinbaugemeinde Deutschlands zu sein. Allein schon ihre günstige Lage führt dazu, dass die Stadt alljährlich von Tausenden von Touristen besucht wird. Nur 25 Kilometer sind es bis Frankreich, und in knapp einer Autostunde ist die Schweiz erreicht. Die Berge des Schwarzwaldes reichen fast bis ins Zentrum der Stadt, und so gelangt der Freund der Natur schon nach kurzer Fahrzeit mitten in die abwechslungsreiche Landschaft des Schwarzwaldes. Viele Wanderwege, alle gut beschildert, führen durch die Wälder. Aber auch die Stadt selbst bietet den Besuchern eine Vielzahl an Möglichkeiten seinen Aufenthalt angenehm zu gestalten. Wir starten unseren kleinen Stadtspaziergang am Freiburger Münster, gehen über den Rathausplatz zum Universitätsviertel, passieren den Bertoldsbrunnen und gehen vorbei am Augustinermuseum zum Schwabentor, um einen Blick auf die wilde Dreisam zu werfen.

Freiburg liegt eingebettet in die traumhafte Schwarzwaldlandschaft

Von weitem und in immer wieder wechselnden Ausschnitten sieht der Besucher den alles überragenden, 116 Meter hohen Filigranturm des Freiburger Münsters, der als einer der schönsten Türme der Christen-

Buntes Treiben herrscht während der Marktage auf dem Münsterplatz

heit bezeichnet wird. Großartige Skulpturen schmücken die Vorhalle und die Portale des 1515 vollendeten Gotteshauses. Die Glasmalereien im Langhaus zählen zu den bedeutendsten Süddeutschlands. Der große Flügelaltar im Hochchor des Münsters ist ein Werk des Dürer-Schülers Hans Baldung Grien aus den Jahren 1512 bis 1516.
Seit Jahrhunderten belebt in den Vormittagsstunden das bunte Treiben des Marktes den Münsterplatz, der von eindrucksvollen Bauten umrandet wird. Hier verkaufen die Bauern der Umgebung zu jeder Jahreszeit, Sommer wie Winter, ihre Waren. Dazu gehören Gemüse, Obst, Salat, heimische Schnäpse, Kräuter, Blumen, Honig, Holzschnitzwerke und Keramik. Dem Freund des Weines sei auf dem Münsterplatz ein Besuch in der „Alten Wache" empfohlen. Dort hat sich das „Haus der badischen Weine" eingerichtet. In schmucken Probierstuben können Weine von Winzergenossenschaften und Weingütern aus der Umgebung von Freiburg, aber auch aus der Ortenau, dem Kaiserstuhl und dem Markgräflerland gekostet werden. Auf der Südseite des Platzes stehen der würdevolle Bau des Erzbischöflichen Palais aus dem Jahre 1756 und das zu Beginn des 16. Jahrhunderts erbaute Kaufhaus mit seiner Arkadenvorhalle und den prachtvollen Erkern. An der Nordseite des Münsterplatzes wurde das während des zweiten Weltkrieges völlig zerstörte Kornhaus wieder aufgebaut. Beachtenswert auf dem Münsterplatz sind die drei Säulen mit Heiligenstatuen, die 1719 von den vorderösterreichischen Ständen gestiftet wurden sowie der Georgsbrunnen aus dem 16. Jahrhundert. Und überall verlaufen - wie an anderen Stellen der Altstadt parallel zur Straße auch - die „Bächle", ein städtebauliches Merkmal, das es

Prachtvolle Erker schmücken das Kaufhaus aus dem beginnenden 16. Jahrhundert (l.)

Die „Bächle" in Freiburg sind eine städtebauliche Besonderheit

nur in Freiburg gibt. Das durchfließende Wasser vermittelt während der warmen Sommerzeit eine angenehme Kühle.

Am Rathausplatz ertönt um zwölf Uhr mittags vom Turm des neuen Rathauses ein Glockenspiel. Während der Sommerzeit finden im Rathaushof Musik- und Freilichtaufführungen statt. Die Gerichtslaube aus dem 12. Jahrhundert, eines der ältesten Gebäude der Stadt, konnte wieder originalgetreu aufgebaut werden. In diesem Haus tagte 1498/99 der Deutsche Reichstag unter Maximilian I. Dem Rathaus gegenüber steht die im 13. Jahrhundert erbaute Kirche St. Martin, ehemals als Konventkirche der Franziskaner erbaut, mit einem sehenswerten Spitzbogen-Kreuzgang. Inmitten des Rathausplatzes befindet sich das Standbild des Mönchs Berthold Schwarz: Von ihm wird erzählt, dass er im 14. Jahrhundert das Schießpulver erfunden hat. Einen der schönsten noch erhaltenen Erker der Spätgotik ziert das Haus „Zum Walfisch" in der Franziskanerstraße. Das Gebäude, heute Hauptstelle der Sparkasse Freiburg, wurde 1516 als Alterssitz für Kaiser Maximilian I. erbaut; hier wohnte auch Erasmus von Rotterdam (1529-1531). An der Kaiser-Joseph-Straße, in die die Franziskanerstraße wieder einmündet, steht der zu Beginn des 16. Jahrhunderts errichtete Basler Hof. Das schmucke Haus ist heute Sitz des Regierungspräsidenten.

Rathaus

Westlich der Altstadt Richtung Hauptbahnhof steht inmitten des geschäftigen Treibens am Rotteckring, von Rebanlagen umgeben, das

Kostbare Schätze beherbergt das Augustinermuseum

schmucke Colombischlösschen. Nicht weit davon entfernt liegt das Große Haus der Städtischen Bühnen. Dem Theater gegenüber wurde das Kollegiengebäude II der weit über 500 Jahre alten Freiburger Universität errichtet. Die Albert-Ludwig-Universität wird jedes Semester von etwa 20 000 Studierenden besucht. Das alte, zu Beginn des 18. Jahrhunderts erbaute Gebäude der Freiburger Alma Mater, die „Alte Uni", befindet sich an der Bertoldstraße und war ursprünglich ein Klosterbau. Weiterhin gibt es die Pädagogische Hochschule in Freiburg-Littenweiler, die Staatliche Musikhochschule, die katholische und die evangelische Fachhochschule. Als Freiburgs schönster Barockbau gilt die Ende des 17. Jahrhunderts erbaute Jesuitenkirche, die heutige Universitätskirche.

Der Schneckenreiter vor dem Colombischlösschen

Weiter der Salzstraße nach Osten folgend – vorbei am Bertoldsbrunnen, der an die Gründer der Stadt, die Herzöge von Zähringen, erinnert – gelangen wir zum Augustinermuseum. Wer sich für die mittelalterliche und barocke Kunst am Oberrhein interessiert, der sollte einen Besuch keinesfalls versäumen. Die Sammlung umfasst kostbare Schätze aus der Vergangenheit des Landes am Oberrhein, Meisterwerke des Mittelalters, Bildteppiche aus dem 13. und 15. Jahrhundert sowie Goldschmiedearbeiten, kirchliche Kunst- und Glasgemälde.

In Oberlinden, wohin Salz- und Herrenstraße münden, nimmt das fast 700 Jahre alte „Restaurant zum Roten Bären" für sich in Anspruch, das älteste Gasthaus Deutschlands zu sein. Die Straße Oberlinden führt durch das Schwabentor, das wie das Martinstor ein Teil der Stadtbefestigung des 13. Jahrhunderts war.

Durchschreitet man das Schwabentor, gelangen wir zur alten Schwabentorbrücke, die durch einen hohen Wachturm bewehrt ist. Die unter der Brücke dahinfließende Dreisam kann während der Schneeschmelze zu einem reißenden Wasser werden. Zu dieser Zeit ist es dann ein beliebtes Ziel für Kanusportler. Bei der Schwabentorbrücke erinnert ein Denkmal an einen der großen Gelehrten des 13. Jahrhunderts, den Dominikanerpater Albertus Magnus, während die „Maltererergruppe" den Freiburger Bannerträger Martin Malterer, der 1386 in der Schlacht bei Sempach fiel, verewigt.

Der Altstadtbummler sollte sich den Besuch einer der gemütlichen Weinstuben nicht entgegen lassen, um dort „e Viertele sürpfle". Neben den Freiburger Weinen wie dem St. Georgener vom Jesuitenschloss, dem Sonnenberger aus dem Wildtal, den Weinen vom Schlossberg

Das Schwabentor

Eine Wandmalerei auf dem Schwabentor erzählt eine Anekdote, wie dieses zu seinem Namen kam – und veranschaulicht damit gleichzeitig auf humorvolle Weise die Einstellung der Badener gegenüber den fleißigen Schwaben: Einst kam ein wohlhabender Schwabe nach Freiburg, um die ganze Stadt zu kaufen. Er hatte zu diesem Zweck zwei Fässer mit Geld auf einem Wägelchen mitgebracht. „Na, was soll des Städtle koschte?", fragte er am Stadttor – und es erstaunte den geschäftstüchtigen Schwaben sehr, dass die Stadt mehr wert sei als das Geld, das er mitführte. Herzlich wurde über ihn gelacht. Noch mehr aber wurde der Schwabe verspottet, als er die Fässer öffnete und statt des Geldes nur Sand zum Vorschein kam. Die Frau des Schwaben hatte nämlich vorsorglich das Geld in den Fässern mit Sand ausgetauscht.

Das Zelt-Musik-Festival lockt jedes Jahr im Sommer rund 120 000 Besucher auf das Festival-Gelände am Mundenhof

und Lehener Bergle, werden hier Weine aus der gesamten badischen Weinanbauregion angeboten. Zu den typisch badischen Speisen gehören deftige Ripple mit Sauerkraut, saure Schweinsnieren, „Surbrotis“ (Sauerbraten), geräuchertes Schäufele, Ochsenfleisch mit Meerrettichsoße, Schwarzwälder Schinken, die auf unterschiedlichste Weise zubereiteten Schwarzwälder Bachforellen und Rehrücken mit Pfifferlingen und Preiselbeeren. Der Freiburger Küche sagt man nach, dass sie Schweizer Beständigkeit mit französischer Eleganz vereine. Wer einmal von dem großen Angebot an Weinen aus verschiedenen badischen Rebanbauregionen probieren möchte, besuche das Badische Weinfest, das alljährlich im Juni auf dem Münsterplatz veranstaltet wird.

Der berühmte Schwarzwälder Schinken

Eine imposante Aussicht auf die Stadt bietet sich von der Höhe des Schlossbergs. Der Berg kann nach etwa halbstündigem Spaziergang über den Kanonenplatz oder auch völlig mühelos mit der 280 Meter langen Schlossberg-Seilbahn erreicht werden. Auf dem Schlossberg standen früher drei Schlösser, die 1745 zerstört wurden. Heute laden hier das bekannte Café Dattler und das Greiffeneggschlössle zur Rast ein. Von der Höhe des Schlossbergs bietet sich dem Besucher nicht nur ein eindrucksvolles Panorama der im Jahre 1120 von den Zähringern gegründeten Stadt, der Blick reicht auch zum Kaiserstuhl, zu den Vogesen im Westen, zur Burgundischen Pforte im Südwesten und zu den sich im Osten abzeichnenden Schwarzwaldbergen. Vom Schlossberg führt ein bequemer Weg zum 766 Meter hohen Rosskopf, auf dessen Spitze ein Aussichtsturm steht, oder zur Zähringer Burg, der Ruine des 1050 erbauten Stammsitzes der Zähringer.

Markgräflerland

Durch die Heimat des Gutedel

von Freiburg bis Weil am Rhein

Die Region zwischen der Stadt Freiburg und Lörrach lässt sich, historisch gesehen, in zwei Teile gliedern: den südlich von Freiburg gelegenen, der einst zu Vorderösterreich gehörte, und den zwischen Müllheim und Lörrach, der sich im Besitz der Markgrafen von Baden befand und deshalb Markgräflerland genannt wurde. Heute wird die ganze Weinbauregion als „Markgräflerland" bezeichnet, und da der Wein, der hier gedeiht, aus den gleichen typischen Rebsorten gekeltert wird, spricht man allgemein auch vom Markgräflerwein.

Weinlese im Markgräflerland

Im nördlichen Teil, der häufig auch als „Pforte des Markgräferlandes" bezeichnet wird, wird schon seit Beginn des 8. Jahrhunderts Weinbau betrieben. Müller-Thurgau, Weißer Burgunder, Ruländer, Gewürztramier und Weißherbst, besonders aber der Gutedel und der Nobling, gehören zu den Spezialitäten dieser Weinbauregion. Der Gutedel wird auch einfach Markgräfler genannt; die Gutedelrebe soll übrigens schon im Lande der Pharaonen angebaut worden sein. Nobling, eine Kreuzung aus der Silvaner- und Gutedelrebe, sei ein Wein, so sagt man, der mit den guten Eigenschaften des Gutedel und des Riesling ausgestattet ist.

Vom 320 Meter hohen **Batzenberg**, Deutschlands größtem geschlossenen Weinberg, bietet sich ein weiter Blick in die Rheinebene, die Vogesen und den Schwarzwald. Zur Erinnerung an die umfangreichen

Arbeiten der Rebumlegung am Batzenberg wurde auf der höchsten Stelle des Berges ein Weinbaudenkmal errichtet. An einer gemauerten Aussichtskanzel steht eine aus gelbem Kalksandstein geschaffene große Pfropfrebe, zum Zeichen des Sieges über die Reblaus. Die Informationsschilder des Batzenberger Weinlehrpfades weisen auf die dort angebauten Rebsorten hin. Zu den Batzenberggemeinden gehören Schallstadt, Ehrenkirchen und Pfaffenweiler.

Nicht weit vom Batzenberg entfernt liegt an der Westseite des Schönbergs die Gemeinde **Ebringen**. Bereits im Jahre 716 wird Ebringen als erste Weinbaugemeinde dieser Region erstmals urkundlich erwähnt. Das 1711 bis 1713 erbaute Schloss, heute das Rathaus der Gemeinde, war viele Jahre Sitz des Statthalters der Sankt Galler Herrschaft. Die Pfarrkirche St. Gallus zeigt im Chor ein spätgotisches Netzgewölbe. Beachtenswert sind der Altar aus dem Jahre 1689 und an der Außenfassade der Kirche die Figuren der Heiligen Maria und Joseph, geschaffen von dem Wentzinger-Schüler Fidelis Sporer. Im Zuge von Renovierungsarbeiten fanden Kunstsachverständige Schnitzwerke des Schwarzwälder Künstlers Josef Hörr. Am Dorfausgang zur Basler Landstraße steht ein Sühnekreuz aus dem Jahre 1435. Ebringen wie auch Pfaffenweiler sind Ausgangspunkt für viele Wanderungen zum 646 Meter hohen Schönberg. An der Verbindungsstraße zum Hexental steht inmitten einer reizvollen Landschaft die 1748 erbaute Berghauser Kapelle. Nach einer Überlieferung soll hier bis zum 15. Jahrhundert ein Dorf gestanden haben. Vom Gipfel des Schönbergs bietet sich eine herrliche Aussicht auf die Stadt Freiburg und zu der seit 1525 zerstörten Schneeburg.

In einer Urkunde aus dem Jahre 779 des Klosters Lorsch wird **Schallstadt** erstmals angeführt. Schon 1383 gab es hier eine „sant Blasis kilchen", eine Kapelle des Klosters St. Blasien. Diese wurde 1768 abgerissen. Nach der Reformation wurden die Bürger der Gemeinden Schallstadt und Wolfenweiler evangelisch. Zwei Urkunden

Blick auf Ehrenkirchen und den Belchen

des Klosters St. Gallen bezeugen, dass es im Jahre 873 eine Siedlung „villa Wolvinwilare“ gab, gemeint ist Wolfenweiler.

Viele Klöster hatten früher Weinberge in der Region, der Wein wurde von den Mönchen sehr geschätzt, nicht nur als Messwein, auch als tägliches Getränk, und auch, bedingt durch seine Haltbarkeit, als Tauschobjekt für andere Waren.

1939 wurde die Winzergenossenschaft Wolfenweiler gegründet, zehn Jahre danach entschlossen sich die Winzer zu einem Jahrhundertwerk: Es kam zur Rebumlegung am Batzenberg. Durch die Zusammenlegung von kleineren Grundstücken und die Erschließung durch befahrbare Wege wurde eine bessere Bewirtschaftung der Flächen gewährleistet. Bald schlossen sich die Winzer der anderen Batzenberggemeinden diesem zukunftsweisenden Projekt an. Die Neuordnung der Rebflächen war beispielhaft, von weither kamen damals Weinbauexperten angereist, um diese neuen Rebanlagen zu begutachten.

Im alten Ortskern von **Pfaffenweiler** stehen noch viele gut erhaltene Staffelgiebelhäuser aus dem 15./16. Jahrhundert. Besonders zu beachten ist das 1575 als Gemeindehaus erbaute Gasthaus Stube. Schon zu Beginn des 8. Jahrhunderts wurden auf der Gemarkung Reben angebaut. Eine Marienstatue an der Außenfassade der Kirche und die Nepomukstatue auf dem 1779 errichteten Schneckenbrunnen werden dem Bildhauer Johann Baptist Sellinger zugeschrieben. Im Dorfmuseum in unmittelbarer Nähe des Rathauses werden viele Exponate zur Geschichte des Weinbaus dieser Region gezeigt. Ein historisches Rebgrundstück, von einigen traditionsbewussten Winzern liebevoll gepflegt, ist eine gelungene Ergänzung zu der Ausstellung. Die Steinhauerei stand in dieser Gemeinde im 16. und 17. Jahrhundert in hoher Blüte. Zahlreiche Wegkreuze, Brunnentröge und Grenzsteine geben Zeugnis von diesem hier einst betriebenen Handwerkszweig. Am ersten Wochenende im September wird im Ortsteil **Öhlinsweiler** ein beliebtes Weinfest, das Schneckenfest, gefeiert. Lohnende Wanderziele von der Gemeinde aus sind der 500 Meter hohe Hochfirst, die Bellenhöhe, der Hohebannstein und die am Waldrand gelegene Servatiuskapelle.

Die Gemeinde **Ehrenkirchen** besteht aus den einst selbständigen Gemeinden Kirchhofen, Ehrenstetten, Offnadingen, Norsingen und

Die Ölbergkapelle bei Ehrenstetten

Scherzingen. Die dreischiffige spätgotische Basilika von Kirchhofen ist seit altersher eine viel besuchte Wallfahrtskirche. Die reichen Stuckornamente im Inneren sind Werke des Wessobrunner Künstlers Hans Georg Gigl; die prachtvoll gestaltete Kanzel wird dem Wentzinger-Schüler Joseph Hörr aus Blasiwald zugeschrieben. Die ehemalige Wasserburg von Kirchhofen, einst Ruhesitz des kaiserlichen Feldherrn Lazarus von Schwendi, wurde im 16. Jahrhundert erbaut.

Auch **Ehrenstetten** kann auf eine lange Geschichte zurückblicken. Bereits viele Jahre vor Christus lebten dort Rentierjäger; ein Hinweisschild zwischen Ehrenstetten und Bollschweil bezeugt: „Teufelsküche Altstein, zeitliche Höhlen von Rentierjägern 15000 bis 8000 v.Chr.“. Kaiser Sigismund verlieh dem Dorf 1418 die Jahrmarktsrechte. Die ältesten Teile der Pfarrkirche St. Georg stammen aus dem frühen Mittelalter. Kulturhistorisch von Bedeutung sind die außerhalb des Ortssetters, also die außerhalb der Ortsmitte stehenden Kapellen, die Streicherkapelle, die Ölbergkapelle und die Schächerkapelle.

Von Ehrenstetten, dem Geburtsort des wohl bedeutendsten Breisgauer Bildhauers und Malers Christian Wentzinger (1710-1797), verläuft die Badische Weinstraße zu dem altehrwürdige Städtchen **Staufen am Neumagen**. Auf dem 375 Meter hohen, rebenbewachsenen, geologisch interessanten Staufener Schlossberg steht weithin sichtbar die Burgruine der einstigen Herren von Staufen. Das Schloss wird im 12. Jahrhundert erstmals erwähnt. Die Außenmauern mit Fensteröffnun-

Zerreißprobe für Staufen

Staufen hat in jüngerer Vergangenheit leider eine traurige Berühmtheit erlangt: Um Erdwärme nutzen zu können, bohrte eine Spezialfirma im Jahr 2007 in die Tiefe und traf auf eine Gips-Keuper-Schicht, die aufquoll, als das Wasser eindrang. Die Folge: Der Boden hob sich und führte zu Rissen in den Gebäuden der Stadt – fast 300 Häuser sind betroffen.

Vesper in den Reben, im Hintergrund die Burgruine Staufen

gen auf mehreren Stockwerken sind teilweise noch recht gut erhalten. Von dem kegelförmigen Berg, der einem umgestülpten „Stauf" (Becher) gleicht, sollen das Herrschergeschlecht und die Stadt ihren Namen haben. Vom Schlossbergsattel ist die fast 800 Meter hohe Etzenbacher Höhe zu erreichen, von wo die Sicht bis in die Rheinebene und auf den Belchen reicht.

Staufen ist nicht nur durch den Weinbau, sondern auch durch seine Edelbranntweinbrennerei bekannt. In der verwinkelten Altstadt mit ihren romantischen Gassen findet der Besucher eine Reihe gut erhaltener Bürgerhäuser aus dem 18. Jahrhundert. Erwähnenswert ist das 1546 erbaute Rathaus am Marktplatz, an dessen Außenfassade die Wappen der verschiedenen Grundherren der Stadt chronologisch angebracht sind. Die Grundmauern der Pfarrkirche St. Martin, einer spätgotischen Basilika, stammen aus dem Jahre 1485. Die Kirche wurde nach der Zerstörung um 1690 notdürftig wiederhergestellt und erst 1955 völlig restauriert. Beachtenswert ist in dieser Kirche die Kreuzigungsgruppe auf dem Hochaltar. Das Kruzifix ist ein Werk des Meisters Six von Staufen aus dem Jahre 1520. Auch die Friedhofskapelle und die Magdalenenkapelle zählen zu den Sehenswürdigkeiten der Stadt.

In der Literatur ist die Stadt eingegangen als Wirkungsstätte des 1539 im Gasthaus Löwen verstorbenen Schwarzkünstler Dr. Johannes Faustus, der der Sage nach seine alchimistischen Künste zur Gold- und Silbergewinnung in den Dienst der Herren von Staufen gestellt hat. Faustus ist „elendlich gestorben", nachdem ihm Mephisto das Genick gebrochen hat. Der Löwen gilt als die drittälteste Gaststätte Deutschlands. In dem bereits 1599 erwähnten Gasthof Kreuz-Post sind die familiären Wurzeln der weltbekannten Schwarzwälder Hausbrennerei Alfred Schladerer.

Alljährlich im Juli finden in dieser Stadt die „Staufener Musikwoche" statt, eine Woche danach das Annafest und eine weitere Woche später das große regionale Markgräfler Weinfest. In einem der ältesten Gebäude der Stadt, im Stubenhaus, befindet sich das stadtgeschichtliche Museum, neben Funden aus der Ur- und Frühgeschichte, dem Mittelalter und der Renaissance, finden sich hier auch Exponate zum mittelalterlichen Silberbergbau und zur badischen Revolution von 1848.

Weingut Engler, Müllheim

Anzeige

Weingut Engler, Müllheim

Herzlich willkommen, im Herzen des schönen MarkgräflerLands liegt Müllheim und das Weingut Engler.

Das Weingut Engler wird seit 2004 von der Geisenheimer-Absolventin Andrea Engler-Waibel in der 4. Generation geführt. 1892 hat ihr Urgroßvater in der heutigen Mitte von Müllheim das Weingut aufgebaut. 11 ha Reben sind mit 25 % Gutedel, 30 % Spätburgunder und 30 % Weiß- und Grauburgunder bestockt. Das Weingut Engler ist bekannt für seinen Gutedel, ist fünfmaliger Gutedel-Cup-Gewinner und lebt die Tradition dieser Markgräfler Spezialität. Die große Leidenschaft gilt der naturnahen Erzeugung feinfruchtiger Kabinettweine, die sich lebendig und beschwingt im Glase präsentieren. Diese Leichtigkeit und Moderne und das Bewusstsein für Traditionen unterstreicht die Familie Engler und ihr Team auch in der Neugestaltung der Vinothek. Diese fügt sich harmonisch in die Hofanlage aus dem 18. Jahrhundert ein. Weine und Winzersekte können hier vor dem Einkauf verkostet werden. Markgräfler Lebensart und Weinkultur sind ebenso an zahlreichen Weinevents und Hoffesten zu erleben.

WEINGUT
ENGLER

UNSER EXKLUSIVES ANGEBOT

Unser exklusives Angebot:

11+1

Beim Kauf von 11 Flaschen schenken wir Ihnen die 12. Flasche dazu.

Deutsches Weininstitut
Ausgezeichnete Vinothek 2016

WEINGUT ENGLER

Moltkeplatz 2
79379 Müllheim/Baden
Tel.07631-170550
www.weingut-engler.de
weingutengler

Besuchen Sie uns in unserer Vinothek:

Mo-Fr 9.00-18.30 Uhr
Sa 9.00-16.00 Uhr

Staufen ist auch Durchgangsort zum **Münstertal** und zum drittgrößten Berg des Schwarzwaldes, dem 1440 Meter hohen Belchen. Das lang gestreckte Tal wurde benannt nach der verschwundenen Bergbaustadt Münster, die in einem Dokument aus dem Jahre 1539 zuletzt erwähnt wird. Die Siedlung geht auf keltische Ursprünge zurück, und Funde von römischen Bergwerksgeräten geben Zeugnis, dass auch schon die Römer in diesem Tal ansässig waren und Erz förderten. Das Bergwerkstädtchen Münster, das um 900 gegründet wurde, hatte Stadtmauern, Stadttore, eigene Münzen, ein Kaufhaus und ein eigenes Siegel. 1346 wurde die Stadt zerstört, wie auch die westlich auf dem Scharfensteinfelsen stehende Burg. Seit Mitte des 19. Jahrhunderts wird im Münstertal kein Bergbau mehr betrieben. Im Jahre 1968 wurde der Bergwerkstollen Teufelsgrund von der Gemeinde Münstertal als Besichtigungsstollen ausgebaut. Die Stollenanlage birgt nicht nur die alten Fördermaschinen und -werkzeuge, man lernt auch die verschiedenen Mineralien kennen wie Gneis und Granit, die Urgesteine des Münstertals, dann Erzgänge mit Quarz, Pyrit, Flussspat, Zinblende, Bleiglas, Fahlerz, Kuoferkies, Karbonate und Schwerspat. In einem radonhaltigen Seitenstollen befindet sich seit 1970 eine spezielle Asthma-Therapiestation. Sehenswert in dem viel besuchten Tal ist das am Eingang zum Obermünstertal gelegene ehemalige Benediktinerkloster St. Trudpert. Der irische Mönch Trudpert lebte hier zu Beginn des 7. Jahrhunderts in einer Einsiedelei, aus der später das Kloster hervorging. Seit 1920 gehört das Klostergebäude der Schwesternkongregation vom Heiligen Joseph. Im Jahre 1709 entstand die heutige Klosterkirche. Das Reliefgemälde am Hochaltar ist das Werk des Riedlinger Kunstmalers Franz Johann Christian. An der Stelle, an der der heilige Trudpert 642 starb, wurde 1698 die kleine St.-Trudpert-Kapelle erbaut.

Im Münstertal gibt es eine Reihe idyllisch gelegener Bauernhöfe

Nordwestlich von Staufen liegt der bekannte Kurort **Bad Krozingen**, das größte Heilbad für Herzkrankheiten in Baden-Württemberg. Die kohlensäure- und schwefelhaltigen Thermalquellen wurden 1911 gebohrt. Im Jahre 807 wurde Krozingen erstmals urkundlich als Ort mit ländlicher Bevölkerung genannt. Das Krozinger Schloss, erbaut 1579, war viele Jahrhunderte Propstei des Klosters St. Blasien. Das Innere des Gebäudes hat Johannes Caspar Bagnato im Jahre 1748 umgestaltet. Seit 1974 wird im Krozinger Schloss die von Professor Fritz Neumeyer zusammengetragene Sammlung historischer Tasteninstrumente aus der Zeit von 1600 bis 1860 ausgestellt. Die 1608 im Schlosspark erbaute Kapelle St. Blasius wurde von Simon Göser ausgemalt und ist mit einem Volutengiebel verziert. Das älteste nördlich der Alpen noch erhaltene Christusbild befindet sich als Wandfreske in der um das Jahr 1000 errichteten Glöcklehofkapelle.

Am Castelberg

Von Staufen führt die Badische Weinstraße über Grunern mit seiner außergewöhnlich großen Weintrotte und Ballrechten-Dottingen ins Sulzbachtal nach Sulzburg.

Unter dem Namen Baldrathinga trat **Ballrechten** im Jahre 847 erstmals urkundlich in Erscheinung. Das Dorf Tottichoncova, heute **Dottingen**, erhielt 853 einen Bauernhof als Schenkung. Die St.-Arbogast-Kirche von Dottingen wird 1437 erstmals erwähnt, sie gilt als ein baugeschichtliches Kleinod. Am Steilhang des 440 Meter hohen Castelbergs gedeiht der bekannte Castelberg-Wein. Reste eines keltischen Festungswerks und ein Aussichtsturm zieren den Gipfel des Berges. Ein Weinlehrpfad, beginnend bei der Winzergenossenschaft Ballrechten, erläutert dem Weinfreund während eines zweistündigen Fußmarsches durch Tafeln am Wegrand die Rebsorten sowie Wissenswertes über die Flurbereinigung und den umweltschonenden Weinbau.

Als kunsthistorisches Kleinod des alten Städtchens **Sulzburg** gilt die Kirche St. Cyriak mit ihren wertvollen Wandmalereien. Die Klosterkirche aus der ottonisch-romanischen Zeit besitzt eine der ältesten Krypten in diesem Teil Deutschlands. Von den einstigen drei Stadttoren steht allerdings nur noch eines. Das heutige Stadtsiegel von Sulzburg ist das älteste Deutschlands, das bergbauliche Sinnbilder aufweist. Die einsti-

Wandern spezial

Das „Markgräfler Wiiwegli" verbindet auf einem über 77 Kilometer langen Wanderweg die Orte Weil am Rhein und Freiburg. Man wandert durch Rebberge, trinkt seinen Wein beim Winzer und übernachtet in heimeligen Dörfern. Gartenwirtschaften, Gaststuben und „Straußen" laden zur Rast ein. Ein fünf- oder sechstägiges Arrangement ermöglicht es, in vier oder fünf Tagen unbeschwert von großem Gepäck von Weil am Rhein über Bad Bellingen, Müllheim und Staufen nach Freiburg zu wandern.

ge badische Residenzstadt war ursprünglich eine Bergmannssiedlung. In der ehemaligen Stadtkirche wurde ein beachtenswertes Bergbaumuseum eingerichtet. Mit übersichtlichen Anschauungstafelns, alten Dokumenten und Gerätschaften des Bergbaus wird auf die weit zurückreichende Geschichte des Bergbaus in dieser Gemeinde hingewiesen. Im Staffelhaus an der Hauptstraße, einer Stiftung der Prinzessin Katharina-Barbara, wurde 1714 eine Armenapotheke eingerichtet. Die Prinzessin, Tochter des Markgrafen von Baden-Durlach, stiftete auch den Wecken-Sonntag. Noch heute wird an diesem Brauch festgehalten: Am Sonntag Laetare werden den Kindern der Gemeinde Wecken geschenkt. Im Mittelalter siedelten sich in Sulzburg viele Juden an; aus dieser Zeit stammen die Synagoge und der außerhalb des Stadtzentrums gelegene, noch erhaltene Judenfriedhof.

Durch die Weinorte Laufen, Britzingen und Zunzingen führt die Badische Weinstraße nach Müllheim. **Britzingen** mit den Ortsteilen Dattingen, Güttigheim und Muggardt ist nicht nur als Weinort, sondern auch als Erholungsort bekannt. Von der Burgruine Neuenfels bietet sich ein schöne Blick zum Rheintal und zu den Vogesen. Für Naturliebhaber gibt es hier einen Wald- und Naturlehrpfad sowie einen geologischen Lehrpfad.

Fast parallel zur Weinstraße, nur wenige Kilometer westlich, verläuft die Bundesstraße. An ihr liegt südlich von Bad Krozingen die 1200 Jahre alte Stadt Heitersheim.

Blick auf die Kirche von Britzingen

Heitersheim mit dem Malteserschloss wird in einer Urkunde vom Kloster Lorsch im Jahre 777 genannt, doch weisen Bodenfunde auf eine weitaus ältere Besiedlung hin. Von Kaiser Friedrich III. erhielt der Ort 1466 das Recht, am Montag nach dem Fest Bartholomäi Markt abzuhalten. Noch heute wird alljährlich im August das Bartholomäusfest gefeiert. 1428 wurde Heitersheim Sitz des Großpriorats der Johanniter, deren Besitzungen sich von den Alpen bis nach Skandinavien und vom Elsass bis nach Böhmen erstreckten. Aus dieser Zeit stammt auch das Heitersheimer Schloss. Nach der Säkularisation wurde die Schlossanlage stark verkleinert und dabei das Priesterhaus, die schmucke Barockkirche und das Gästehaus niedergerissen. Aus dem Baumaterial entstand 1864 das Gasthaus „Zum Ochsen". Im Jahre 1895 ging das Schlossgebäude an den Orden der Vinzentinerinnen über. Auch die Pfarrkirche St. Bartholomäus sei hier erwähnt, die zu Beginn des 19. Jahrhunderts von Christian Arnold erbaut wurde. Hier befinden sich auch zahlreiche Grabdenkmäler der Großprioren der Malteser. In der Nähe des Schlosses liegt das Römermusem „Villa urbana", in dem Funde der einstigen römischen Palastvilla eines Großgrundbesitzers rechts des Rheins am Originalstandort präsentiert werden.

Im Sommer locken Veranstaltugen auf den Markgräfler Platz in Müllheim

Jetzt verlässt die Badische Weinstraße das ehemalige Vorderösterreich und führt ab **Müllheim** ins Land des Markgrafen von Baden – daher auch der Name Markgräflerland. Wertvolle Fresken und Epitaphe an der Martinskirche erinnern an die 1200 Jahre alte Geschichte der Stadt. Die Martinskirche gilt neben dem Margaretenkirchlein als Wahrzeichen der Stadt. Aus der Römerzeit wird von einer Siedlung mit dem Namen Mulihaime berichtet. Für den Freund des Weines hat der Verein für Volkskunde und Heimatgeschichte im Rathaus das Markgräfler Weinmuseum eingerichtet. In dieser Ausstellung sind Zunftpokale, Geräte für die Kellerei, Fassriegel und Schmuck für Fässer sowie eine Trotte aus dem Jahre 1721 zu sehen. Interessant auch das erste und einzige Weinetiketten-Museum Deutschlands im Ortsteil Zunzingen, das 200 Jahre Weingeschichte auf Tausenden von Etiketten zeigt.

Kaum eine Stadt im Markgräflerland wurde im Laufe ihrer Geschichte so oft zerstört wie **Neuenburg am Rhein**. Zum letzten Mal geschah es während des Zweiten Weltkrieges: Die ganze Stadt wurde in Schutt und Asche gelegt. In der inzwischen wieder aufgebauten, gerne besuchten Kleinstadt kann der Weinkenner und Freund erlesener alemannischer Küche vor allem während des alljährlichen Nepomukfestes im Juli angenehme „Erfahrungen“ machen.

Östlich von Müllheim, den Schwarzwaldbergen zu, liegt der weltbekannte Kurort **Badenweiler**, wie man sagt „ein Stück Italien auf deut-

Z'Mülle an der Post
Tausigsappermost
Trinkt mer nit e guete Wii!
Goht er nit wie Baumöl ii,
Z'Mülle an der Post!

Mit diesen Worten hat der Dichter Johann Peter Hebel die im Weilertal gelegene Stadt Müllheim besungen. Die 1775 errichtete Poststation, in der Hebel oft Rast machte und auf die er sich in diesen Versen bezieht, ist heute ein weithin bekanntes Hotel.

Badenweiler ist eingebettet in eine zauberhafte Park- und Gartenlandschaft

schem Boden“. Die vielen Hotels, Sanatorien und Villen sind in eine bezaubernde, großzügige Park- und Gartenlandschaft eingebettet. Der berühmte Kurpark ist ein Spiegelbild der klimatischen Vorzüge dieser Landschaft, er umschließt mit dem benachbarten Schlossplatz eine Fläche von 16 ha. Hier findet der Pflanzen- und Gartenfreund eine Vielzahl wertvoller Baum- und Straucharten aus vielen Teilen der Welt. In den Anlagen erblüht im Frühling auch eine für Deutschland einmalige Narzissenauswahl. Bereits die Römer, die um das Jahr 75 nach Christus hier siedelten, schätzten die warmen Quellen dieses Ortes. 1784 wurde auf Veranlassung des Markgrafen von Baden die verschüttete Badruine aus der Römerzeit ausgegraben; sie präsentiert sich dem Besucher unserer Tage als best erhaltene auf deutschem Boden. Von der Badenweiler Badruine gewinnt man einen Überblick über die Kuranlagen. Die Burg, die Efeu von seltener Stärke und Schönheit umwuchert, wurde im 11. Jahrhundert von den Herzögen von Zähringen erbaut und 1678 im Holländischen Krieg zerstört. Die schon von den Römern geschätzte Quelle hat eine gleichbleibenden Temperatur von 24,6 Grad Celsius. Neubohrungen brachten weiteres Thermalwasser an die Oberfläche, sodass nunmehr täglich etwa zwei Millionen Liter Thermalwasser zur Verfügung stehen. Aufgrund seiner Zusammensetzung eignet sich das Wasser besonders gut für Trinkkuren. Für Wellness und Erholung stehen das Thermal-Bewegungsbad, der Wellness-Erlebnisbereich der Cassiopeia-Therme eine großzügige Sauna- und Wellnesslandschaft zur Verfügung. Die liebevoll restaurierte Badruine mit gläsernem Himmel zählt zu den größten und besterhaltenen Thermenruinen nördlich der Alpen.

Römische Badruinen in Badenweiler

Von Badenweiler windet sich die Straße über viele Kehren und Kurven zum 1165 Meter hohen Hausberg Badenweilers, dem **Hochblauen**.

Auf dem schön geformten, fast bis zum Gipfel bewaldeten Berg, dem südlichsten des Schwarzwaldes, steht ein 15 Meter hoher Aussichtsturm.

Durch den Ortsteil Sehringen, vorbei an der Ruine Grüneck, führt eine Straße mit wunderbaren Aussichtspunkten hinauf zum Wahrzeichen des Markgräflerlandes, zum **Schloss Bürgeln**. Bereits um 1120 wird Bürgeln erstmals erwähnt: Werner von Kaltenbach vermachte seinen Besitz um Bürgeln dem Kloster St. Blasien. Das oberhalb von Obereggenen gelegene Schloss wurde von Johann Caspar Bagnato 1762-1764 gebaut und von seinem Sohn Franz Anton vollendet. Das Rokokoschloss war bis 1807 Propstei des Benediktinerklosters St. Blasien. Durch die Säkularisation sind viele wertvolle Teile des einstigen Inventars verloren gegangen. Auf Initiative des 1920 gegründeten Bügeln-Bundes konnte einiges wieder ersetzt werden, so auch der verloren gegangene Altar in der Schlosskapelle. Den Saal des Schlosses zieren viele in die Wand eingelassene, wertvolle Gemälde, das Treppenhaus und verschiedene Räume außerordentlich schöne Stuckarbeiten. Bedeutsam sind auch die Intarsientüren, die alten Öfen und die Ausgestaltung der Schlosskapelle mit einem Deckengemälde von Morath aus Grafenhausen.

Schloss Bürgeln

Von Müllheim aus führt die Badische Weinstraße über Vögisheim, Feldberg, Nieder- und Obereggenen, Liel nach der in der Rheinebene gelegenen Gemeinde Schliengen mit seinen Nachbarorten Mauchen und Steinenstadt.

Die Pfarrkirche von **Obereggenen**, eine romanische Chorturmkirche mit gekuppelten Rundbogenfenstern, wurde in ihrer Bauweise schon mehrfach verändert und 1912 völlig restauriert. Der romanische Westturm der Kirche von **Niedereggenen** soll bereits im 10. Jahrhundert erbaut worden sein. Den Chor schmücken Wandmalereien aus der Mitte des 15. Jahrhunderts, die 1900 restauriert wurden. Sehenswert sind auch die Wandmalereien in der spätgotischen Dorfkirche in **Liel**, die in verschiedenen Epochen entstanden sind. Über dem ehemaligen Turmchor spannt sich ein Kreuzrippengewölbe aus dem 14. Jahrhundert. Der Chor der Kirche war im Mittelalter letzte Ruhestätte der Freiherren von Baden. Sie residierten im Lieler Herrenhaus, einem Barockschloss aus der Mitte des 18. Jahrhunderts.

In der Nähe von Liel liegt am Fuße des 430 Meter hohen Fohrbergs das Johanniterdorf **Feuerbach**. Der Weinkenner schätzt hier den „Feuerbacher Roten". In den Rebanlagen nördlich des Dorfes finden sich Gesteine eines Vulkanschlots mit Auswürflingen von Korallenkalk.

Die Winzergemeinde **Schliengen** ist seit 821 urkundlich nachge-

wiesen. Im Zentrum der altbesiedelten Gemeinde steht inmitten einer Parkanlage das Wasserschloss Entenstein, das heute als Rathaus dient.

Der Unterbau der auf einem Hügel errichteten Pfarrkirche St. Leodegar stammt aus dem 13. Jahrhundert. In der Mitte des 18. Jahrhunderts wurde die Kirche erbaut und mit meisterhaft gestalteten Seitenaltären ausgestattet. „Eine glückliche Welt" nannte einst Goethe die vielgestaltige Hügellandschaft, in der die Winzergemeinde Schliengen mit Liel, Mauchen, Nieder- und Obereggenen liegt. Auf dem Schliengener Berg siegte Erzherzog Karl im Jahre 1796 über die französischen Truppen des General Moreau. Der Schliengener Weinlehrpfad lässt den Besucher einen Einblick in die Geschichte des Weinbaus und der Weinsorten gewinnen. Die Winzergenossenschaft Schliengen wurde 1908 gegründet und ist damit die älteste Winzergenossenschaft in Baden. Im Gebäude der Genossenschaft befindet sich ein Trottenmuseum. Das Prunkstück dieser Sammlung ist eine Weintrotte aus dem 17. Jahrhundert. In diesem Zusammenhang sei auch auf das weit bekannte, seit 1847 in Schliengen ansässige Weingut Blankenhorn hingewiesen.

Das westwärts Schliengens von den Schwarzwaldbergen in die Rheinebene hinunterreichende **Eggenertal** lockt im Frühling viele Besucher mit seinem weiß leuchtenden Blütenmeer an. Von den edlen Kirschen des Eggenertals wird der berühmte Schwarzwälder Kirsch oder, wie man alemannisch sagt, das „Chriesiwässerle" gebrannt.

Nördlich der Gemeinde liegt das idyllische Winzerdorf **Mauchen**, das auf eine Propstei des Hochstifts Basel zurückgeht; hier wurde der Messwein für Basel gekeltert. Der dem Weinkenner besonders durch den „Auggener Schäf" bekannte Ort **Auggen** blickt auf eine über 1200-jährige Geschichte zurück. Bereits 752 wird Auggen als „Anghoma" und dann 1036 als „Ougheim" urkundlich erwähnt.

Die Winzergenossenschaft Schliengen

Zur Sippe der Adelsgeschlechter von Augsheim gehörte auch der Minnesänger Brunnwart, von dem sich einige Lieder in der Heidelberger Liederhandschrift finden. Der Ritter Brunnwart hatte – neben seiner Liebe zum Gesang und zu den Frauen – auch eine besondere Freude am Wein. Schon 1922 haben sich Winzer der Gemeinde zu einer Winzergenossenschaft zusammengeschlossen. Durch den 300 Hektar umfassenden Rebbereich der Gemeinde führt ein Wanderweg, an dem der interessierte Weinfreund ganz nebenbei viel Wissenswerte über die dort angebauten Rebsorten erfährt. Alljährlich im September

Die Balinea-Thermen von Bad Bellingen

wird das traditionelle Winzerfest mit dem jahrhundertealten Auggener Jahrmarkt zum Treffpunkt für viele Weinfreunde.

Südlich von Schliengen führt die Badische Weinstraße zum jüngsten der drei Markgräfler Thermalkurorte, nach **Bad Bellingen**. Aus dem einstigen Fischer- und Winzerdorf entwickelte sich Bellingen nach der Erschließung einer Thermalquelle im Jahre 1956 zu einem der neuesten Rheumabäder Deutschlands. 1969 erhielt die Gemeinde offiziell das Prädikat „Bad“. Innerhalb kurzer Zeit entstanden hier eine Reihe moderner Kurmitteleinrichtungen. Drei Quellen, die Markus-, Leodegar- und Eberhardquellen, sorgen dafür, dass stets frisches, naturbelassenes Heilwasser zur Verfügung ist. Das Wasser sprudelt aus einer Tiefe von 400 bis 600 Metern. Zu den Balinea-Thermen gehört noch eine Saunalandschaft. Neben den vielen medizinischen Bädereinrichtungen bietet das Bad im Herbst Kuren mit Gutedeltrauben aus den gemeindeeigenen Rebbergen an. Eine solche Kur soll entschlackend und reinigend wirken. Ein Teil des Kurparks wurde im natürlichen Zustand eines Auwaldes belassen, in dem Akazien- und Sanddorn, aber auch seltene Blumen- und Vogelarten beheimatet sind. Die Pfarrkirche St. Leodegar aus dem Jahre 1783 ist mit Gemälden von Simon Göser ausgestattet. Zu den vielen sommerlichen Veranstaltungen des Badekurorts gehört das traditionelle Lichterfest, das Mitte August veranstaltet wird.

Einen prähistorischen Urnenfund aus der Bronzezeit und alemannische Reihengräber fand man in **Rheinweiler**, einem Ortsteil vom Bad Bellingen. Das alte Schloss, einst in königlichem Besitz, beherbergt heute ein Altersheim. Im Ortsteil Hertingen wurde beim Bau einer Gaststätte, nahe der Bundesstraße, beim Aushub ein römischer Brunnen entdeckt. In diesem in einer Höhe von 360 Metern gelegenen Dorf lebte von 1780 bis 1783 der alemannische Dichter Johann Peter Hebel.

Der Bad Bellingen am nächsten gelegene Ortsteil Bamlach wurde 1130 erstmals urkundlich erwähnt. Der größere Teil der Gemeinde gehörte ursprünglich zu Vorderösterreich, der Rest den Herren von Rotberg, bis sie 1434 gänzlich in den Besitz des Rotberger überging. Kriege haben dem Dorf wiederholt schwer zugesetzt. 1940 wurde die

gesamte Bevölkerung samt Vieh ins Kandertal evakuiert. Ein Viertel des Dorfes brannte während des Zweiten Weltkriegs ab.
Am Kirchturm der Pfarrkirche von **Blansingen** ist die Jahreszahl 1497 eingemeißelt. Bereits 1173 wird die Kirche, deren Fundamente romanisch sind, urkundlich erwähnt. Das Innere ist mit Wandmalereien bedeckt. An der Südwand befindet sich ein fragmentarischer Zyklus von ehemals zwölf Bildfeldern mit der Petruslegende und der Enthauptung des heiligen Paulus. Auf dem Chorboden ist das Gleichnis der klugen und der törichten Jungfrauen ausdrucksvoll dargestellt, ein Werk aus dem 15. Jahrhundert. In der Kirche von Kleinkems, die im 14. Jahrhundert gebaut wurde, befindet sich ein Wandtabernakel mit einer Darstellung der Grablegung Christi.

Um den 350 Meter hohen **Isteiner Klotz** ranken sich viele Sagen und Geschichten. Auf der Höhe des dicht bis an den Rhein reichenden, in vielen Kriegen umkämpften Berges sollen bereits die Römer ein Kastell erbaut haben. Später errichtete dann der Bischof von Basel auf diesem Berg eine Burg, die unter der Bezeichnung „Klotzveste" lange Zeit als unbezwingbar galt. Im Jahre 1947 wurde die Festung gesprengt, wobei auch die nahe dabei gelegene kleine St.-Veits-Kapelle samt Klausnerhäuschen zerstört wurden. Im Dorf **Istein** am Fuße des Berges gibt es einige sehenswerte alte Herrenhäuser, wie das „Chanzli" aus dem Jahre 1599 und das „Stapflehus" aus dem Jahre 1621. Die Weinbrenner-Kirche, die im Jahre 1820 entstand, enthält Altäre von Johann Anton Feuerstein.

Nur wenige Kilometer nordöstlich, den Schwarzwaldbergen zu, liegt die kleine Gemeinde **Mappach**. Im Chorraum der im Weinbrenner-Stil erbauten Kirche findet man einen eindrucksvollen Zyklus spätgotischer Wandmalereien, die von einem Basler Meister um 1500 geschaffen wurden. Die 1934 freigelegten und restaurierten Bilder zeigen Szenen aus dem Leben der heiligen Anna und der Jugend Maria, darunter das Heilige Grab mit Wächter. Der Kunstliebhaber sollte sich die Zeit für eine Besichtigung der Kirche mit dem geschlossenen spitzbogigen Chorbogen nehmen.

Das Vitra-Desingn-Museum in Weil am Rhein

In dieser südwestlichsten Ecke Deutschlands findet man in fast jedem Dorf oder Städtchen Bauten und Kunstwerke von besonderem Reiz. Das Gebiet der Gemeinde **Efringen-Kirchen**, seit 1942 ein Doppeldorf, war schon früh besiedelt. Römische Funde und alemannische Gräberfelder geben Zeugnis davon. Die Kirche im Ortsteil Kirchen mit einem der stattlichsten sogenannten „Käsbiss"-Türme unterstand viele Jahre dem Basler St.-Peter-Stift. In der Pfarrkirche in Egringen entdeckt der Besucher ein spätgotisches Chorgestühl, eine weit in den Kirchenraum ragende Empore und eine Kanzel aus der Mitte des 15. Jahrhunderts. Um 1420 entstanden die Wandgemälde mit christologischen Themen in der spätgotischen Kirche in **Fischingen**. Auch **Binzen** am Ausgang des Kandertales kann auf eine reiche Geschichte zurückblicken.

Ein wahres Schmuckstück birgt die St.-Gallus-Kirche in **Ötlingen**: ein Tabernakelhäuschen im gotischen Chor. Auf der Terrasse hinter der Kirche eröffnet sich eine großartige Aussicht nach Basel und zum Schweizer Jura.

Vieles hat die Stadt **Weil am Rhein** berühmt gemacht. Ein 30 Hektar großer Drei-Länder-Garten erinnert an die Landesgartenschau, die 1999 hier ausgetragen wurde. Das ehemalige Gelände ist nun Naherholungsgebiet und Austragungsort vieler kultureller Veranstaltungen. Im Vitra-Design-Museum finden wechselnde Sonderausstellungen statt. Weil gilt auch als „Stadt der Stühle" – Stühle sind hier nicht nur Sitzmöbel, sondern sie sind wie zu einem Wahrzeichen der Stadt geworden. An verschiedenen Stellen, auf Dächern und Plätzen, stehen künstlerisch gestaltete Stühle in vergrößertem Maßstab. Weit bekannt ist das Erlebnisbad Laguna mit seinem hübsch gestalteten Saunapark „Vier Jahreszeiten". Angeführt sei noch das Landwirtschaftsmuseum, hier werden verschiedene Gerätschaften aus der Landwirtschaft gezeigt sowie die Geschichte der Textilindustrie in dieser Raumschaft dokumentiert. Im südlichsten Zipfel Deutschlands, im Rheinknie gegenüber Basel und Elsass, gedeihen seit über 1200 Jahren an sonnenverwöhnten Rebhängen Trauben, aus denen edle Weine gewonnen werden. Bekannt sind die Lagen „Haltinger Stiege" und „Weiler Schlipf".

Als „Tor zur Schweiz und nach Frankreich“ wird die Stadt **Lörrach** im Wiesental bezeichnet. Sie ist der Hauptort des südlichen Markgräflerlandes. Die goldene Lerche im Roten Stadtwappen weist auf den früheren Namen „Lerchennowe“ hin. Urkundlich wird Lörrach 1083 erstmals erwähnt. Im 17. Jahrhundert wurden Lörrach durch den Markgrafen von Baden die Stadtrechte verliehen. Als Wahrzeichen der heutigen Stadt gilt das alles überragende moderne Rathaus mit seinem neuzeitlich gestalteten Rathausplatz. Die Textilindustrie trägt schon sei 200 Jahren neben anderen Industriezweigen vornehmlich zur wirtschaftlichen Bedeutung der Stadt bei. Die evangelische Stadtkirche, zu Beginn des 19. Jahrhunderts im Weinbrenner-Stil erbaut, ist ein Werk von Wilhelm Frommel.

Ein seltenes Beispiel klassizistischer Baukunst ist die ebenfalls im Weinbrenner-Stil errichtete Pfarrkirche St. Fridolin aus dem Jahre 1823 in **Lörrach-Stetten**. In dem 1978 eingerichteten Museum im Burghof wird dem Besucher in einer reichhaltigen Sammlung ein allgemeiner Überblick über das künstlerische Schaffen am Oberrhein vom Mittelalter bis zur Gegenwart vermittelt. Steinzeitliche Funde aus Kleinkems, Gegenstände aus dem ältesten Bergwerk Europas und Keramiken einer Urnenfelderkultur von Efringen-Kirchen sowie Dokumente aus der Geschichte der Stadt Lörrach und des Markgräflerlandes sind im Museum in Lörrach ausgestellt.

Zum Gedenken an den berühmten alemannischen Dichter Johann Peter Hebel wird alljährlich in Lörrach ein Hebel-Fest veranstaltet. Das Bronzebild im Hebelpark erinnert an den Dichter, der von 1783 bis 1791 Präzeptoratsvikar in Lörrach war.

Blick über Lörrach von der Burg Rötteln

Von der Tüllinger Höhe westlich der Stadt gewinnt man eine umfassende Sicht auf Lörrach. Auf diesem Berg erinnert ein Denkmal an die Schlacht von 1702 zwischen dem Markgrafen Ludwig von Baden und dem französischen Marschall Villars. Im Jahre 1953 konnten in der Kirche St. Michael in **Lörrach-Tüllingen** wertvolle Malereien freigelegt werden. Die Kirche wurde schon 1113 urkundlich erwähnt.

Gegenüber vom Tüllinger Berg liegt eine weitere große Ruine, die **Burg Rötteln**. Im 12. Jahrhundert war die Burganlage Sitz der Herren von Rötteln. Der Markgraf von Baden-Durlach ließ die Burg im 14. Jahrhundert wesentlich erweitern, im Jahre 1678 wurde sie zerstört. Die Burg gilt heute als Wahrzeichen des vorderen Wiesentals, sie ist alljährlich Schauplatz der Röttelner Burgfestspiele.

Die Gruftkapelle der gotischen Pfarrkirche **Rötteln** bewahrt die gut erhaltenen Grabplatten des 1418 verstorbenen Markgrafen Rudolf III. von Baden-Hochberg-Sausenberg und seiner Gemahlin Anna von Freiburg.

Kandern liegt malerisch eingebettet in den Ausläufern des Schwarzwaldes

Im ehemaligen Weinort **Inzlingen**, südöstlich von Lörrach, steht das idyllisch anmutende Wasserschloss Reichenstein. Die mittelalterliche Wasserburg mit ihrem Rundturm wurde 1563 erbaut. „Des Feldbergs liebliche Tochter" nennt Hebel den Fluss Wiese, der vom Feldberg herunter in südwestlicher Richtung bis nach Basel verläuft. Früher gehörte das Tal zum Kloster St. Blasien, es wurde zu dieser Zeit Silberbergbau und auch Flößerei betrieben. Im unteren Teil des Tales haben sich viele Textilbetriebe angesiedelt, daher rührt auch die Benennung „Webland".

Von Lörrach empfiehlt sich ein Abstecher ins **Kandertal**. Der keltische Name für Kandern lautet „Cantara", das bedeutet „klares Wasser"; das Flüsschen gab also der Stadt den Namen. Nach Plänen von Heinrich Hübsch wurde 1859 die Pfarrkirche St. Franziskus erbaut. Im Heimat- und Keramikmuseum von Kandern findet der Besucher Darstellungen zur Geschichte und Technik des Hafnerhandwerks und der daraus hervorgegangenen Kunsttöpferei. Außerdem sind hier Arbeiten von Richard Bampi, Horst Kerstan und heute in Kandern ansässigen Keramikern ausgestellt. Die „Goldene Sau" von Kandern, ein vergoldetes Trinkgefäß in Gestalt einer Wildsau, gehört ebenfalls zu dieser Sammlung. Das eigenartige Trinkgefäß wurde 1605 vom Markgraf Georg Friedrich gestiftet. Neben seiner althergebrachten Töpferkunst ist Kandern auch durch die knusprigen Salzbrezeln bekannt, die zum Gutedel vortrefflich schmecken. Nostalgische Erinnerungen weckt auch die Kandertalbahn von Kandern nach Haltingen, von den Ortsansässigen liebevoll „Chanderle" genannt, die die Töpferstadt mit der Stadt am Rheinknie verbindet.

Storchendorf Kandern-Holzen

Früher lebten viele Störche in der Gegend, doch die Vögel wurden immer seltener. Als in den 1970er-Jahren dann das letzte Paar aus Kandern-Holzen verschwand, siedelte man Meister Adebar kurzerhand wieder an: aus anfänglich 6 Paaren eines Schweizer Ansiedlungsprogramms sind inzwischen 30 Störche geworden, die im Gehege von Holzen gehalten werden und die Dörfer im Umkreis wieder besiedelt haben. Auf den umliegenden Wiesen – und zur Brutzeit im Juni auf den Dächern und Kirchtürmen – sind sie wunderschön anzusehen.

Wein spezial – Markgräflerland

Die Besonderheit dieser Region ist ihre große Vielfalt an unterschiedlichen Böden – mancherorts ändert sich die Beschaffenheit des Untergrunds sogar von einem Meter zum nächsten. Die einzige Konstante ist der Löss, der in der ganzen Region große Flächen einnimmt. In seiner Heterogenität bietet der Boden des Markgräflerlandes dem Gutedel ideale Bedingungen. Diese oft unterschätzte Rebsorte reagiert mit ihrem dezenten, weinigen Aroma besonders sensibel und eignet sich daher sehr gut, feine Terroir-Komponenten hervorzuheben. So kann man gut den Kalkboden in einem mineralisch vibrierenden, alkoholarmen und dabei extraktreichen Wein herausschmecken und in einem voluminösen, milden und reich duftenden Wein die Löss- und Lehmlagen wiederfinden.

Wein-Events im Markgräflerland

April Markgräfler Gutedel-Cup, Badenweiler
Juni Gutedel-Tour, Efringen-Kirchen
Müllheimer Stadtfest
Juli Sektfestival der Bezirkskellerei Efringen-Kirchen
August Jazz-Wein-Kultur – Die Museumsnacht, Müllheim
Gläserne Produktion „Wein, Essen & Laufen – ein Dorf stellt sich vor“, Sulzburg-Laufen
Wein Open Air der WG Schliengen
September Musik- und Weinfest Badenweiler
Winzerfest Efringen-Kirchen
Winzerfest Auggen

Werbegemeinschaft Markgräflerland GmbH

Markgräfler Land – Für mehr als einen Augenblick

Wilhelmstraße 14, 79379 Müllheim
Tel. +49 (0)7631-801-501
info@markgraefler-land.com
www.markgraefler-land.com

Zweckverband Breisgau-Süd Touristik

Wasen 47, 79244 Münstertal
Tel.+49(0)7636-707-40
touristinfo@muenstertal-staufen.de
www.muenstertal-staufen.de

Badische Weine ...

... von der Sonne verwöhnt

Gutedel

Der Gutedel ist im Markgräflerland zu Hause. Seine Weine sind geprägt von zartem, weinigem Aroma und angenehmem Charakter, der begleitet ist von einer milden und dennoch anregenden Säure. Er passt z.B. gut zu Leber oder mildem Käse.

Müller-Thurgau

Der Müller-Thurgau ist eine Kreuzung der Sorten Riesling und Gutedel durch Prof. Dr. Müller aus dem schweizerischen Kanton Thurgau. Feinfruchtiges Muskataroma und jugendliche Frische bei milder bis rassiger Säure zeichnen diesen bekömmlichen Wein aus. Er passt z.B. gut zu Kalbsbries.

Riesling (Klingelberger)

„Der König der Weißweine" lebt von seinem feinfruchtigen, über die Maßen nuancenreichen Bukett, seiner prickelnden Lebendigkeit und der rassigen, manchmal schon stahligen Säure. Er passt z.B. gut zu Fischgerichten.

Silvaner

Der Silvaner ist ein neutraler Wein, feinfruchtig mit zartem Bukett und meist milder Säure. Er passt z.B. gut zu Spargel.

Grauer Burgunder / Ruländer (Pinot Grigio)

Als Klassiker ist er ein kräftiger, körperreicher Wein mit würzigem Aroma. Werden die Trauben früher gelesen und die Moste trocken ausgebaut, ist er säurebetont, frisch und saftig schlank mit feiner Aromenvielfalt. Er passt z.B. gut zu Steaks, Braten, Geflügel, Gänse- und Entenleber.

Weißer Burgunder

Der Weiße Burgunder ist die rassige Alternative zum Ruländer und Grauen Burgunder. Er präsentiert ein duftiges, weiniges Aroma, einen eleganten bis kräftigen Körper und eine markante Säure. Er passt z.B. gut zu Fisch, weißem Fleisch und Geflügel.

Chardonnay

Der Chardonnay ist ein naher Verwandter des Weißen Burgunders, jedoch kräftig im Aroma. Die Farbe variiert von zartem Gelb bis zum kräftigen Strohgelb. Das Bukett ist fruchtig, die Geschmacksnuancen vielfältig und im Alter intensiver. Er passt z.B. gut zu Fisch, Geflügel und Kalb.

Auxerrois

Der Auxerrois ist ein Art des weißen Burgunders, aber ausgeprägter im Bukett und vollmundiger.

Kerner

Der Kerner ist eine Kreuzung zwischen Trollinger und Riesling. Die „kernigen“, charaktervollen Weine zeigen oft einen dem Riesling ähnlichen Duft. Er ist frisch und rassig.

Nobling

Der Nobling ist eine Kreuzung zwischen Silvaner- und Gutedelrebe. Er ist fruchtig und körperreich, mit feinem Bukett – eine Markgräfler Spezialität!

Muskateller

Der Muskateller ist ein eleganter rassiger Wein, aromareich, mit feinsten Muskatnoten und fruchtiger Säure. Er passt z.B. gut zu Spargelgerichten.

Traminer/Gewürztraminer

Der Traminer hat ein nuancenreiches, würziges Bukett, der Gewürztraminer ist opulenter, mit feinem Duft nach frischen Rosenblättern. Beide Weine sind mild in der Säure und geschmeidig lang am Gaumen. Sie passen z.B. gut zu Gänse- und Entenleber, Desserts und Käse.

Badisch Rotgold

Der Badisch Rotgold ist von rötlich-gelber bis hellroter Farbe, zeigt ein würziges Ruländer-Aroma und wirk im Geschmack ausgeglichen und abgerundet. Er ist eine Traubenkomposition aus dem hellen Grauburgunder (mind. 51 %) und dem Blauen Spätburgunder. Er passt z.B. gut zu Wild und Geflügel.

Spätburgunder, Weißherbst / Rosé

Roséfarben mit weichem Goldschimmer, so präsentieren sich die meisten Weißherbste. Sie sind kräftig im Geschmack und von kerniger, säurebetonter Art. Er wird aus dem Blauen Spätburgunder gekeltert und ausgebaut und passt z.B. gut zu Geflügel und Lachs.

Blauer Spätburgunder

Leuchtend rubin- bis dunkelrot ist die Farbe der badischen Spätburgunder Rotweine, reichhaltig, an Brombeeren, Kirschen und Bittermandeln erinnernd ist das Aroma. Im Geschmack sind sie samtig, aber kraftvoll und belebend durch ihre feine Gerbstoffstruktur. Sie passen z.B. gut zu Wildgerichten und Lamm.

Schwarzriesling

Der Schwarzriesling wird auch „Müllerrebe" genannt. Er ist eine Mutation des Blauen Spätburgunders und wird ausschließlich in den nördlichen Bereichen Kraichgau und Tauberfranken angebaut, ist an der Badischen Weinstraße zwischen Baden-Baden und Basel also nicht anzutreffen.

Impressum

Franz Hilger: Die badische Weinstraße

4. völlig überarbeitete Auflage

Titelfoto: Baden-Baden Kur & Tourismus GmbH

Fotos: Schloss Neuweier, Armin Röttele; Schwarzwald Tourismus GmbH: Susanne Bayer, Erich Spiegelhalter, Dieter Wissing, Gaby Baur, Stefan Strumbel, Christoph Eberle/Werbeagentur Q, Achim Mende, Klaus Polkowski, Tannenhof GmbH/Niederschach, Achim Keller/Müllheim; Landratsamt Rhein-Neckar-Kreis – Amt für Nahverkehr und Wirtschaftsförderung: Bernhard Kreutzer, Heidelberg Marketing GmbH: Thomas Lippert, Tobias Schwerdt; Repro Foto-May/Wiesloch, Thomas Achtstätter/Wiesloch, Manuela De Angelis, Kraichgau Stromberg Tourismus e.V.: Michael Haußmann, Lars Leier; KMK/ www.gerhardkassner.de; fotolia: schwarzwald-foto (S. 30), blende 40 (S. 43), avirid (S. 90), bofotolux (S. 92), Clemens Schüßler (S. 90, S. 93), christiane 65 (S. 94, S. 95), lamio (S. 96), eyetronic (S. 61), Lucky Dragon (S. 85); Karin Lange, Weinmanufaktur Gernsbach, Baden-Baden Kur & Tourismus GmbH, Winzergenossenschaft Baden-Baden, d:light | photo design studio – Christian Koch, Annette Dresel, Stadt Offenburg/Stadtmarketing, Hohberg/Diersburg, Stadt Lahr, Gemeindeverwaltung Meißenheim, Gemeinde Schuttertal, Ettenheimmünster/Gemeinde Ettenheim, Tourist-Info Breisach, U. Schätzle/ Naturgarten Kaiserstuhl, Stadt Emmendingen/ Lothar Fritsch, Thure von Uexküll-Klinik, Eisenbahnfreunde Breisgau/Holzer, Gemeinde Riegel a. K., Kaiserstühler Verkehrsbüro Endingen, Susanne Sommerfeld/Weingut Abril, Kaiserstuhl-Tuniberg Tourismus/Breisach, Korkenziehermuseum Burkheim, Tourist-Info Ihringen, Klaus Dürrmeier, Badischer Winzerkeller, P. Littner/ Naturgarten Kaiserstuhl, Tourist-Information Eichstetten, Ingrid Kranz/pixelio. de, Augustinermuseum Freiburg, Stolzenburg/Kutschenweber, Bildtechnik Spiegelhalter/Bildagentur pixXit, Werbegemeinschaft MarkgräflerLand GmbH, TI Weil am Rhein, TI Lörrach, Badischer Wein GmbH, Badische Weinstraße/ Schwarzwald Tourismus GmbH/Julian Semet

Gestaltung, Plan, Grafik und Satz: seeQgrafix, Karin Lange

Druck: NaberDruck GmbH, Hügelsheim

ISBN 978-3-95457-157-4